집밥이 초대 요리로
빛나는 순간

윤지영 지음

길벗

## 집밥이 초대 요리로 빛나는 순간

**초판 발행** · 2024년 10월 10일

**지은이** · 윤지영
**발행인** · 이종원
**발행처** · (주)도서출판 길벗
**출판사 등록일** · 1990년 12월 24일
**주소** · 서울시 마포구 월드컵로 10길 56(서교동)
**대표전화** · 02)332-0931 | **팩스** · 02)323-0586
**홈페이지** · www.gilbut.co.kr | **이메일** · gilbut@gilbut.co.kr

**기획 및 책임편집** · 민보람(brmin@gilbut.co.kr) | **제작** · 이준호, 손일순
**마케팅** · 정경원, 김진영, 조아현, 류효정 | **유통혁신** · 한준희 | **영업관리** · 김명자 | **독자지원** · 윤정아

**사진 촬영** · 내부순환스튜디오 김지훈 | **푸드 스타일링** · 마리네이드 홍지희, 김유민
**디자인** · 박찬진 | **교정** · 한진영 | **그릇 협찬** · 채율 | **CTP 출력** · **인쇄** · 상지사피앤비 | **제본** · 경문제책

- 잘못 만든 책은 구입한 서점에서 바꿔 드립니다.
- 이 책은 저작권법에 따라 보호받는 저작물이므로 무단전재와 무단복제를 금합니다. 이 책의 전부 또는 일부를 이용하려면 반드시 사전에 저작권자와 출판사 이름의 서면 동의를 받아야 합니다.

ⓒ 윤지영

ISBN 979-11-407-1097-3(13590)
(길벗 도서번호 020251)

정가 26,000원

독자의 1초까지 아껴주는 길벗출판사

**(주)도서출판 길벗** | IT교육서, IT단행본, 경제경영서, 어학&실용서, 인문교양서, 자녀교육서 www.gilbut.co.kr
**길벗스쿨** | 국어학습, 수학학습, 어린이교양, 주니어 어학학습, 학습단행본 www.gilbutschool.co.kr

독자의 1초를 아껴주는 정성!
세상이 아무리 바쁘게 돌아가더라도
책까지 아무렇게나 빨리 만들 수는 없습니다.
인스턴트 식품 같은 책보다는
오래 익힌 술이나 장맛이 밴 책을 만들고 싶습니다.

땀 흘리며 일하는 당신을 위해
한 권 한 권 마음을 다해 만들겠습니다.
마지막 페이지에서 만날 새로운 당신을 위해
더 나은 길을 준비하겠습니다.

독자의 1초를 아껴주는 정성을
만나보십시오.

## CONTENTS

32

56

78

08  집밥이 초대 요리로 빛나게 된 이유

14  유용하게 사용하는 집밥 조리 도구

18  즐겨 쓰는 집밥 식재료

### ◆ 일러두기
- 재료 계량 표기는 1컵=200㎖, 1T(테이블 스푼)=15㎖, 1t(티스푼)=5㎖를 기준으로 합니다.
- 각 가정마다 조리 도구나 화력이 다르기 때문에 조리 과정에 기재한 소요 시간은 차이가 날 수 있습니다. 또한 조미료나 향신료의 분량은 입맛과 취향에 맞춰서 가감해도 좋습니다.
- 삶거나 데치는 용도의 물 분량은 특별히 언급해야 할 경우 외에는 따로 명시하지 않았습니다.

### PART 1

## 샐러드보다 근사한 식전 요리

24  애호박 가지 초무침

28  평안도식 청포묵무침

32  두부면 게살 오이무침

36  단호박 브로콜리 버무림

40  사과와 초절임 고등어회

44  견과류 굴무침

48  라면땅 채소무침

52  갑오징어 초무침

56  매콤 초록채소 녹두당면무침

60  두릅튀김

 86
 108
 128

### PART 2
# 스테이크보다 풍미 가득한 고기 요리

- 66  무수분 삼겹살수육과 양파무침
- 70  불고기 토마토쌈
- 74  대패삼겹살과 미나리무침
- 78  닭넓적다리 고추장구이
- 82  돈육전 미나리무침
- 86  한국풍 스테이크
- 90  오렌지간장소스 닭날개구이
- 94  부추마늘 닭모래집볶음
- 98  삼겹살깻잎말이
- 102 폰즈소스와 소고기채소말이

### PART 3
# 미슐랭 레스토랑처럼 폼 나는 해물 요리

- 108 통오징어파전
- 112 삼치갈비구이
- 116 단호박 해물떡찜
- 120 간장소스 통민어튀김
- 124 빙어 꽈리고추버무림
- 128 된장소스연어와 채소버터구이
- 132 연어회 사과소스냉채
- 136 왕가리비 쌈장구이
- 140 광어회무침
- 144 미나리 새우전

170

200

212

**PART 4**

## 리조토보다 맛있는
## 밥 요리

150  광어 고사리솥밥

154  느타리 삼겹살솥밥

158  명란젓덮밥

162  쪽파 마늘 달걀밥

166  굴조림덮밥

170  창란젓 오이김밥

174  바지락솥밥

178  문어솥밥

182  전복장볶음밥

186  금태 감태쌈밥

**PART 5**

## 스파게티보다 이색적인
## 면 요리

192  카펠리니 비빔국수

196  김치말이국수

200  참깨간장소스 비빔국수

204  고사리 비빔국수

208  얼큰 숙주국수

212  큰가리비 투명국수

216  숙주무침 닭칼국수

220  토마토해장라면

224  냄비새우탕면

228  마늘종 고추장 짜장면

242

284

292

## PART 6
### 수프보다 깊은 맛의 국물 요리

234  들깨 가자미미역국

238  얼큰 돼지고기 시래깃국

242  황태 애호박국

246  초간단 파개장

250  고사리 차돌박이찌개

254  순두부 달걀탕

258  삼겹 두부조림탕

262  차돌 가지 짜글이

266  쫄면 순두부

270  토마토 카레

## PART 7
### 하나만 있어도 식탁이 완성되는 만능 반찬

276  두 나물 샐러드

280  명란마요 우엉무침

284  콜라비김치

288  초간단 버섯잡채

292  떡튀김볶이

296  멸치마늘종 만능장무침

300  말린 두부 브로콜리니볶음

304  매콤 배추 두부조림

308  오징어무조림

312  닭봉 식초조림

## 집밥이 초대 요리로
## 빛나게 된 이유

제 인생 첫 번째 요리책 〈세계 요리가 집밥으로 빛나는 순간〉을 출간하고 많은 독자로부터 다양한 반응이 쏟아졌습니다.

평생 해 온 비슷비슷한 반찬이 지겹고 나이 들면서 요리도 시큰둥해졌는데 우연히 이 책을 보고 이런 요리를 집에서도 만들 수 있다는 게 신기해서 시도해 봤다, 다시 요리에 재미를 붙이게 됐다, 엄마의 새로운 요리 퍼레이드에 가족이 정말 행복해한다, '요알못'이었는데 이 책을 보고 난생처음 똠얌꿍과 팟타이를 시도해 봤는데 성공하고 급기야 손님까지 초대했다 등… 정말 마음이 뿌듯해지는 이야기들이었어요.

하지만 사실 지난 일 년은 본업인 방송 활동과 동시에 책을 집필 출간하고 관련된 각종 인터뷰와 방송 출연, 특별 쿠킹 클래스 등으로 눈코 뜰 새 없이 바쁜 시간이기도 했습니다.

그렇게 바쁜 일정을 보내던 지난 연말, 갑자기 목소리가 안 나오는 거에요. 놀라서 병원에 갔더니 성대에 커다란 폴립이 생겼고 제거 수술을 받아야 한다는 진단을 받았습니다. 결국 저는 올해 초, 아나운서에게는 치명적일 수 있는 성대 수술을 받았습니다.

수술 후 3개월간 아예 소리를 낼 수 없었기에 방송도 쿠킹 클래스도 심지어 친구를 만나거나 가족들과도 대화조차 할 수 없는 상태가 됐습니다. 그 3개월간 집 밖으로는 거의 나가지도 못하고 가족과도 꼭 필요한 말을 필담으로만 나누면서, 저는 난생처음 세상과 단절된 혼자만의 고립을 경험했습니다.

수술 후 며칠 동안은 거의 공황 상태가 되어 침대에 누워 천장을 보거나 텔레비전 앞에 멍하니 앉아서 시간을 흘려보냈습니다. 그렇게 시간을 보내다가, 언제 끝날지 모르는 이 시간을 이대로 아깝게 보낼 순 없겠다 싶어서 침대를 박차고 나와 책장에 가득한 요리책을 꺼내서 읽기 시작했습니다. 책장을 둘러보다가 어머니 친구께서 요리할 때 참고하라고 빌려주신 비법 노트를 서너 권 찾았습니다. 그 노트를 꼼꼼히 읽기 시작하니, 갑자기 요리하고 싶은 열망이 마음속에서 일기 시작했습니다.

사실, 첫 요리책을 제가 가장 자신 있는 세계 각국 대표 요리로만 채우면서 마음 한쪽에 아쉬움이 있었답니다. 그건 바로 제가 가장 많이 해 먹고 가족들도 제일 좋아하는 '한식' 레시피를 담지 못했다는 점입니다.

그런데 노트 서너 권에 손 글씨로 빽빽하게 채운 한식 레시피들을 찬찬히 훑다 보니 얼른 제 스타일 집밥과 접목해 보고 싶어졌어요. 그날부터는 매일매일 만들고 싶은 요리 리스트를 적어 재료를 주문하고, 오후에는 재료를 손질해 저녁때 맞춰 매일 다른 한식 요리를 식탁에 올리기 시작했습니다.

제가 말을 할 수 없으니 꼭 필요한 대화만 오가는 조용한 저녁 식탁이었지만, 맛있는 음식을 먹으며 즐거워하는 가족의 표정만으로도 충분히 행복한 저녁 시간이었습니다.

목소리가 회복될 때까지 몇 달을 그렇게 보내면서 요리책을 낸 이후 바쁘다는 핑계로 그간 가족과의 식사에 소홀했고, 맛있는 음식을 나누는 즐거움이 얼마나 큰일인지 또 그 시간이 얼마나 소중한 시간인지를 잊고 살았다는 걸 깨달았죠. 그리고 나는 늘, 가장 지치고 힘들 때마다 사랑하는 사람과 나 자신을 위한 음식을 만들면서 마음에 안정과 평화를 찾아왔다는 것도 새삼 느꼈고요.

공교롭게도 첫 번째 요리책을 낸 이후 제가 요리하는 것을 왜 사랑하는지와 왜 그토록 많은 사람과 나누고 싶어 했는지를 잠시 잊고 살다가, 강제로 멈추고 나서야 이 중요한 것을 다시 깨달았습니다.
마음의 여유를 찾은 다음부터 어느 때보다 즐겁게 저녁 밥상을 차리게 됐습니다. 그리고 저는 다시 열심히 요리하는 동시에 틈틈이 한식 집밥 레시피를 써 내려가기 시작했습니다. 말할 수 없으니 그 어느 때보다 집

중해서 요리하고 공부하며 레시피를 만들 수 있었던 귀한 회복의 시간이 었던 것 같습니다.

혼자만의 시간은 많은 추억을 떠올리게 해주더군요. 어린 시절부터 내가 어떤 음식을 먹으며 자랐고, 언제부터 요리에 관심을 가졌는지, 내 요리의 정체성은 어디에서 온 것인지…. 여러분도 어린 시절 행복했던 추억의 맛으로 기억하는 수많은 장면을 떠올려 보면 뭔가를 먹는다는 것이 단순히 끼니를 해결하는 것 이상의 엄청난 의미를 지녔다는 것을 느낄 수 있을 거예요. 특히 누군가에게 후각, 미각, 청각, 시각, 촉각 이 오감 속에 추억으로 각인된 '한식'이 있다면, 그것은 그 사람의 인생 자체라고도 할 수 있을 겁니다.

다만 한 가지, 어머니와 할머니들이 그토록 정성껏 장만하는 음식이 대부분 작은 반찬 그릇에 담겨 곁들임 음식으로 소진되는 듯한 한식 밥상 문화가 늘 아쉬웠습니다. 그런데 제가 손님을 초대하면서 우리 한식 재료에 외국의 양념을 더해 파티 요리로 내놓았을 때 특히 많은 사람이 감동했다는 점이 떠올랐습니다. 이 아이디어에 착안해, 한식 반찬 하나하나도 훌륭한 손님 초대 요리로 탄생할 수 있다는 것을 레시피로 기록해 더 많이 공유해야겠다는 생각이 들었습니다.

우선 제 방식대로 쉽게 정리한 한식 레시피에 솜씨 좋은 할머니, 어머니, 그리고 주변에 음식 잘하기로 소문난 지인들이 전수한 방식을 접목하는 과정에서 제 나름대로 원칙을 세웠습니다.

일단 재료는 구하기 쉬울 것, 너무 복잡하거나 시간이 많이 드는 과정은 간소화할 것, 양념이나 육수 등은 시판 제품 중에 건강한 성분으로 된 것을 선택할 것, 또 요리 한 가지만으로도 한 끼의 메인 요리로 삼을 만한 정도로 맛과 영양을 담을 것입니다.

지금은 가공식품, 반조리 식품과 배달 음식이 넘쳐나다 보니 한 끼 해결하는 데 30분 이내면 충분한 세상입니다. 하지만 편하다는 이유만으로 대충 때우듯 보내기에는 오늘 지금의 이 한 끼 식사는 다시 오지 않을 소중한 시간이라는 것을 잊지 않았으면 좋겠습니다.

또 매일 매끼는 힘들더라도 하루 한 끼, 적어도 주말만이라도 배달 음식 기다릴 시간 정도만 할애하면 간단하고 건강하고 맛있게 만들 수 있는 한식 메뉴가 무궁무진하다는 것을 여러분께 꼭 알려드리고 싶습니다.

제가 터득한 수백 가지 한식 레시피 가운데 쉽지만 독특하고, 간단하지만 우아해서 손님 초대 요리로도 전혀 손색없는 제철 식재료 한식 레시피 70개를 많은 고민과 시행착오를 거듭한 끝에 정성스럽게 골라보았습니다.

제 두 번째 요리책 〈집밥이 초대 요리로 빛나는 순간〉을 통해 여러분과 소중한 사람이 함께하는 식사가 더욱 건강하고 풍성하며 특별한 시간으로 거듭나기를 진심으로 기원합니다.

ITEM

## 유용하게 사용하는 집밥 조리 도구

### 01  스테인리스 프라이팬
코팅 프라이팬보다 유해 물질이 적어 건강에 좋고, 저온으로도 영양 손실을 최소화한 맛있는 구이가 가능합니다.

### 02  채소 탈수기
샐러드를 맛있게 하려면 채소에 있는 물기를 완전히 털어야 합니다. 그래야 소스가 잘 묻고 훨씬 아삭하면서 감칠맛 나는 샐러드를 즐길 수 있어요. 20년 전 동네 슈퍼마켓에서 사은품으로 준 채소 탈수기를 아직도 잘 사용하고 있답니다.

### 03  계량컵
1컵 = 200㎖(약 13T, 종이컵 1컵 가득)

계량컵 용량은 200㎖인데, 종이컵 가득 담은 양보다 약간 많은(1큰술) 정도에요. 계량컵에 익숙해지면 꼭 저울을 쓰지 않아도 편리하게 양을 가늠할 수 있답니다.

### 04  계량 스푼
1T = 15㎖ = 3t = 어른 밥숟가락 2개
1t = 5㎖ = 어른 밥숟가락의 약 70%

계량스푼은 20년째 사용하는 제품입니

칼은 자기 손 크기에 맞는 것을 사용하되, 고기용, 채소용, 과일용, 빵칼 등으로 구분하면 위생에도 좋습니다. 칼날을 자주 갈아서 사용하면 더 좋아요.

### 08  알뜰 실리콘 주걱
고온에도 손상되지 않는 실리콘 주걱은 크기별로 2~3개 마련해 용도에 맞게 사용하면 편리합니다.

### 09  나무 주걱
나무로 된 주걱은 냄비가 마모되는 것을 최소화해 좋습니다. 특히 볶음밥을 볶고 그릇에 담을 때 동시에 사용해도 되어 유용합니다.

### 10  전자 그라인더
굵은 소금이나 통후추가 필요할 때 바로 갈아서 쓰면 소금은 맛이 더 진하고 후추는 향이 신선해집니다. 게다가 버튼만 누르면 되니 손목 보호에도 그만이지요. 고기 또는 생선을 마리네이드할 때 특히 좋아요.

### 11  깨갈이
요리의 마무리로 깨를 뿌리는 일이 많습니다. 통깨는 보기에는 좋은데 입안에서 이물감이 들어 별로 좋아하지 않다 보니, 통깨가 적당히 부드럽게 갈리는 깨갈이가 필수 조리 도구랍니다. 깨를 가는 느낌도 너무 좋고 갈 때 나는 고소한 깨의 향도 그만이지요.

다. 습관이 되면 밥숟가락으로도 계량하고, 자기만의 기준과 감이 생겨서 레시피를 보지 않고도 요리할 수 있는 날이 올 거예요. 단, 수북하게 담지 않고 수평을 맞춰 평평하게 담는 것이 포인트예요.

### 05  레몬 착즙기
레몬즙(혹은 라임즙 등)이 필요할 때 바로 착즙해 쓰면 요리의 풍미가 더욱 살아나요.

### 06  색깔 도마 세트
육류, 채소, 김치용으로 따로 사용하면 위생에도 좋고 편리하지요.

### 07  다용도칼

### 12  구멍있는 국자
달걀을 풀어 국, 찌개 등에 흘려 넣을 때 좋습니다. 건더기만 풀 때도 유용합니다.

### 13+14+15  각종 집게들
국수의 모양을 잡는 파스타 집게부터 가니시 올릴 때 쓰는 집게, 고기 서빙용 집게, 반찬 서빙용 집게 등은 음식을 덜어 먹는 습관을 들이자면 꼭 필요해요. 게다가 집게를 쓰면 남은 음식도 위생적으로 보관할 수 있습니다.

### 16  오븐 용기
오븐 용기를 음식 양과 재료 크기에 맞춰 적절히 사용하면 따로 다른 그릇에 옮겨 담을 필요 없이 상에 메인 요리로 올릴 수 있어 편합니다.

### 17  사각 스테인리스 팬
사각 팬은 보통 달걀말이 만들 때 쓰는데, 저는 그 외에도 재료를 손질하거나 고기를 재울 때도 자주 씁니다.

### 18  솥밥용 냄비
냄비에 재료를 가득 넣어 솥밥을 짓고 솥

어갈 전복 손질 등 재료를 곱게 갈 때 편리한 도구입니다. 아무 그릇에든 넣어서 갈고 세척하기도 쉬운 도깨비 방망이. 브랜드에 상관없이 이런 모양이면 작은 믹서기보다 편한 필수 아이템입니다.

### 21  작은 거품기

작은 거품기는 소량으로 양념, 소스를 만들거나 달걀 풀기 등 재료를 섞을 때 간편하게 쓰기 좋습니다.

### 22  소스 붓

실리콘 소재 붓은 고온에서도 내구성이 좋아 뜨거운 오븐에 넣는 재료에 소스를 바르고 중간중간 덧칠할 때도 편합니다.

### 23  실리콘 스패출러

볶음 요리에 유용한 것은 기본, 특히 진득한 소스나 양념 등을 알뜰하게 훑어낼 수 있어서 좋습니다.

### 24  고기 망치

고기용 망치로 돼지고기 등 두툼한 고기를 두드리면, 살이 부드럽고 연해져서 양념이 잘 뱁니다.

### 25  바트

요리 준비 과정에서 재료를 손질해 놓거나 고기나 생선을 마리네이드(밑간용 향미 액체)에 재우기, 육류나 생선을 스테이크 레스팅(Resting 잠시 조리를 멈추기)할 때 아주 유용한 조리 도구입니다. 특히 쿠킹 클래스에서 재료를 담아 보여주며 설명하기에 안성맞춤이랍니다. 스테인리스 스틸 제품이 가볍고 좋으며, 물 빠지는 틀이 함께 있는 것을 사면 더욱 유용합니다.

### 26  오일 스프레이

요리에 기름을 안 쓸 수 없지만, 최대한 적게 효과적으로 쓰자는 생각에 오일 스프레이를 써왔어요. 십수 년 동안 쓰다 보니 고장나서 바꾸기를 여러 번 거쳐, 4년 전쯤 기름이 잘 안 묻어나고 고장도 잘 안 나는 제품에 정착했습니다. 쿠킹 클래스 수강생들도 첫날 수업하고 나면 쿠팡에 접속해 주문하는 아이템!

### 27  세워놓는 밥주걱

솥밥을 밥솥째 상에 올리면서 손잡이로 세우는 주걱도 함께 내면 위생적인 데다가 모양도 예뻐 애용합니다.

째로 상에 내면 더욱 먹음직스럽습니다. 스테인리스 냄비, 주물 냄비, 구리 냄비 등이 좋습니다. 저는 내구성 좋고 인체에도 무해한 스테인리스 최고 등급 티타늄 냄비를 씁니다.

### 19+20  도깨비방망이

샐러드용 소스, 바질 페스토, 전복장에 들

## SAUCE

## 즐겨 쓰는 집밥 식재료

### 01 미림
고기나 생선을 마리네이드(향미 액체)로 재우거나 비린내와 잡내를 잡을 때 쓰면 그만입니다.

### 02 홍게맛 간장
진간장보다 단맛은 적고 감칠맛은 풍부해 무침, 국, 찌개, 조림 등 한식 요리에 두루두루 사용하기 좋아요.

### 03 향신즙
마늘, 양파, 파, 생강 등 향신채를 알맞게 배합해 만든 즙. 고기와 생선에 미리 뿌려 두었다가 요리하면 훨씬 맛있답니다.

### 04 연두 청양초
국산 청양초를 넣어 만든 제품. 조금만 넣어도 청양고추 특유의 매콤한 맛내기에 편리해요. 국, 찌개, 조림, 볶음은 물론 라면이나 비빔밥 등에 매운맛을 원할 때 조금만 넣어도 칼칼한 맛이 납니다.

### 05 연두순
콩발효와 8가지 야채 우린 물로 천연 감칠맛을 내는 제품. 100% 순실물성으로 모든 무침이나 국 요리에 사용하면 풍부한 감칠맛을 더해줍니다.

감칠맛이 달라져서 자주 애용하고 있어요. 멸치디포리, 다시마표고야채 등 다양한 맛이 있어서 요리 종류에 따라 선택하기 좋아요. 육수를 힘들게 우릴 필요 없어 조리 시간이 훨씬 단축되고 요리하기도 쉬워집니다.

### 08 향신장

향신채와 굴소스, 간장, 올리고당을 섞어 놓은 맛간장. 간장 대신 사용하면 요리에 풍미가 깊어지면서 훨씬 맛있어집니다.

### 09 국간장

국을 끓일 때 넣으면 소금보다는 묵직하고 깊은 짠맛을 내면서 단맛은 없는 간장입니다. 조금만 넣어도 과한 단맛 없이 간이 딱 맞는 나물무침, 조림을 만들 수 있지요.

### 10 2배 식초

무침 요리에는 식초를 자주 사용하는데요. 특히 2배 식초는 조금만 넣어도 원하는 만큼 신맛을 내서 좋고, 무침 요리에 불필요한 국물도 덜 생긴다는 점이 아주 좋아요.

### 11 알룰로오스

무화과, 건포도, 키위 등에서 발견한 단맛 성분으로, 효소가 함유되고 칼로리가 낮아 당뇨 환자가 먹어도 괜찮을 정도입니다. 저는 이미 몇 년 전부터 샐러드 드레싱, 디저트, 차와 커피에 이르기까지 각종 요리에 사용해 왔죠. 가격은 설탕보다 훨씬 비싸지만 건강을 생각한다면 추천합니다.

### 12 흑초

현미를 자연발효해 일반 식초보다 깊고 묵직한 신맛을 내고 싶을 때 사용합니다. 동양의 발사믹식초 같은 느낌이에요.

### 13+14 참기름, 들기름

향이 풍부한 저온 압착 참기름, 들기름은 냉장 보관하면서 꺼내 쓰면 건강도 맛도 잡을 수 있지요.

### 15 레몬즙

레몬을 짜서 즙을 내는 게 가장 좋지만, 시판 레몬즙도 유용해요. 냉장고에 상비해 두면 생선 요리, 닭 요리, 샐러드 드레싱 등에 다양하게 사용하기 좋아요.

### 06 피시소스

액젓보다 맑고 가벼운 동남아시아 맑은 멸치젓. 한식을 비롯해 무침 요리에 깔끔하면서도 깊은 짠맛을 선사합니다.

### 07 코인 육수(연두링)

연두에서 나온 링 모양의 고체 코인 육수예요. 이 제품을 알고부터는 국, 찌개, 국수 등의 국물 요리마다 하나씩 넣어 보니

### 16 굴소스
다양한 요리에 풍미를 낼 때 사용하는 소스입니다. 굴의 깊은 향이 살아 있어 요리에 천연 감칠맛을 더하죠. 볶음 요리에 특유의 향과 고급스러움을 더하는 굴소스는 요알못들이 신봉하는 마술 소스랍니다.

### 17 건나물
건가지, 건고사리 등 말린 나물류는 미처 장을 못 봤을 때를 대비해 찬장에 상비하면 유용합니다. 보통 나물보다 쫄깃한 식감을 자랑해서 짜글이 같은 조림 요리에 넣었을 때 더욱 어울립니다.

### 18+27 시판 소스
### (차오차이, 새미네부엌)
요즘에는 마라 등 중국 소스와 동남아시아 정통 소스들이 다양하게 나오는데, 특히 차오차이의 다양한 중식 소스들은 셰프의 레시피가 무색할 정도로 훌륭해 종종 사용합니다. 또한 잡채나 볶음 양념은 대부분 즉석에서 직접 만들어 씁니다만, 급할 때 새미네부엌 제품을 써봤거든요. 의외로 맛있더라고요. 입맛에 따라 물을 조금씩 섞어서 염도와 당도를 맞춰 조절해도 좋아요.

### 19 마늘가루
향과 맛이 생각보다 진해 다진 마늘 대신 사용해도 좋아요. 보관하기 쉽고 보존 기

고기, 닭고기 밑간할 때 살짝 뿌리면 향도 은은하고 잡내도 꽉 잡아요.

### 21 통후추
짙은 색이나 붉은 색 요리에 사용하면 좋아요. 일반 통후추를 그라인더로 갈아 쓰면 되는데, 처음부터 분말로 된 후추보다 훨씬 향이 깊고 풍미가 좋지요.

### 22 마늘, 샬롯 플레이크
마요네즈, 크림소스 등과 배합해서 화이트소스를 만들면 느끼함도 잡아주고 깔끔한 맛을 냅니다.

### 23 핑크 솔트
최근 들어 바닷물이 오염됐으니 좋은 소금을 찾아 써야 한다고 하죠. 저는 천일염을 많이 사용하지만, 히말라야 핑크 솔트도 전동 그라인더에 갈아 자주 사용합니다. 핑크 솔트는 바닷소금의 매력과는 또 다른 매력을 가진 소금으로, 샐러드나 오븐 요리에 안성맞춤이에요.

### 24 커리소스(티아시아커리)
일본식뿐 아니라 인도, 태국, 말레이시아 등 동남아 각국의 다양한 커리소스를 시판 제품으로 만날 수 있습니다. 일류 레스토랑 못지않은 퀄리티를 보여줘 종종 사용하는 제품입니다.

### 25 김치 양념(새미네부엌)
요즘은 채소만 준비해 버무리기만 하면 되는 김치 양념이 아주 맛있게 나옵니다. 할머니 비법 소스 만큼이나 맛있어서, 신선한 채소로 겉절이를 할 때 주로 사용합니다.

### 26 고춧가루
고춧가루는 굵은 것과 고운 것을 따로 냉장 보관했다가 꺼내 쓰면 편합니다. 주로 굵은 것은 떡볶이나 생선조림, 고운 것은 무침 요리에 사용합니다.

### 28 까나리액젓
천연 조미료로 국이나 조림, 무침 요리에 해산물의 풍미와 향, 맛을 더하고 싶을 때 살짝 사용합니다.

### 29 비법 쌈장
고추장, 된장, 마요네즈, 참기름을 1:2:1:1 비율로 섞어서 냉장고에 보관해두었다가 사용 직전에 먹을 양만 덜어서 다진 마늘, 다진 파, 알룰로오스를 살짝 넣어주세요. 나물이나 볶음 요리에 양념으로 사용하면 간편하면서도 맛있어요.

### 30 고추장(조선고추장)
샘표의 조선고추장 제품은 물엿 대신 쌀발효 조정을 사용한 고추장이라서 텁텁함은 없고 은은한 단맛이 있는 요리를 만들 수 있습니다. 떡볶이, 제육 등의 매운 볶음 요리를 만들 때 사용하면 구수한 맛과 향이 깊어지고 진해집니다.

### 31 된장
집된장, 미소(일본된장), 기성품 된장을 각각 냉장 보관합니다. 집된장은 찌개, 미소는 국, 기성품 된장은 무침이나 쌈장 등 요리별로 적절하게 활용합니다.

### 32~34 다진 마늘·생강·청양 냉동 큐브
향신 재료를 냉장·냉동실에 늘 상비해 둘 수 있어서 좋습니다. 튜브 형태는 냉장실에 보관해서 필요할 때마다 간편하게 짜서 사용합니다. 큐브 형태는 냉동실에 넣어 두고, 필요할 때 얼음처럼 한 알씩 꺼내 쓰면 요리할 때 무척 편리하지요.

### 35 연겨자
한식에 겨자 향이 필요할 때는 연겨자를 쓰고, 서양식에 겨자 향이 필요할 때는 머스타드소스를 사용합니다.

양념으로는 오히려 다진 마늘보다 유용합니다. 저는 점심때 마늘 냄새나는 게 싫어서 꼭 마늘가루를 쓰는데, 입 냄새도 덜하고 풍미는 해치지 않아서 정말 유용해요.

### 20 생강가루
생강은 꼭 필요하긴 한데 냉동 제품은 사놓았다 버리기 일쑤라 고민하던 차에, 생강가루를 찾아 정말 요긴하게 잘 쓰고 있어요. 데리야키소스 만들 때나 생선, 돼지

애호박 가지 초무침

평안도식 청포묵무침

두부면 게살 오이무침

단호박 브로콜리 버무림

사과와 초절임 고등어회

견과류 굴무침

라면땅 채소무침

갑오징어 초무침

매콤 초록채소 녹두당면무침

두릅튀김

# PART 1

## 샐러드보다 근사한
## 식전 요리

우리나라는 사계절 내내 채소 식재료가 풍부합니다.
제철 채소에 어울리는 특별한 소스를 곁들여 30분 안에
근사한 애피타이저를 만들어 보세요.

## 01

# 애호박
# 가지 초무침

평범한 채소무침도 큼직한 그릇에
수북하게 담아 내면
파티 주인공처럼 빛나는 요리

저희 가족은 평소에는 한식을 훨씬 자주 먹습니다. 하지만 손님상에는 주로 세계 요리를 올리는데요. 그 이유는 간단합니다. 손은 많이 가는 한식 반찬은 작은 반찬 그릇에 담아내 사이드 음식 같은 느낌인데, 그보다 훨씬 쉬운 샐러드는 큼직한 그릇에 수북이 담아내면 멋진 파티 음식이 되니까요.

요리를 즐겨하다 보니 한식을 담는 품새가 옛날 할머니와 어머니들의 삶과 닮았다는 생각을 자주 합니다. 저는 요리만큼 생산적이고 값진 행위는 없다고 믿는 사람이라 음식에 제 마음을 담고, 먹는 사람도 그 정성과 수고를 알아주기를 바라면서 조리합니다. 그러다 보니 작은 반찬 그릇에 담기 마련인 나물이나 채소볶음들도 '일품요리'로 꾸며 식탁에 올리는 것을 즐깁니다. 이러면 먹는 이들의 반응도 훨씬 좋지요. 오늘은 애호박나물이라는 반찬에서 멋진 애피타이저로 변신한 애호박 가지 초무침을 소개할게요. 식탁 가운데 메인 요리로 하나만 올려도 멋지고 건강한 저녁 상차림이 될 거예요.

26 집밥이 초대 요리로 빛나는 순간

## INGREDIENT
(4인분)

가지 2개, 애호박 1개, 냉동 새우살(小) 20마리

**양념장** 쪽파 5대, 다진 청양고추 1T, 다진 마늘 1T, 알룰로오스 2T, 간장 5T, 식초 3T, 깻가루 2T

## HOW TO MAKE

1. 냉동 새우살을 해동하는 동안 양념장에 넣을 쪽파를 송송 썬다.
2. 가지는 1cm, 애호박은 0.5cm 두께로 썬다.
3. 양념장 재료 중 다진 청양고추는 식초에 약 30분 담가두고, 1의 쪽파와 나머지 양념장 재료들만 섞어 전자레인지에 1분 돌린 후 다진 청양고추를 담가 둔 식초와 섞는다.
4. 팬에 기름을 넣지 말고 중불로 예열한 다음, 2의 가지와 애호박을 올려 앞뒤로 노릇하게 구워 접시에 덜어 놓는다.
5. 1의 해동한 새우살은 물기를 닦아 같은 팬에 굽는다.
6. 구운 가지·애호박·새우와 3의 양념장을 큰 볼에 담고 버무려 낸다.

**TIP** │ 먹기 직전에 버무려야 각 재료의 식감을 느끼며 맛있게 먹을 수 있다.

크고 움푹한 원형 그릇에 가지, 호박, 새우를 조화롭게 담되 푸짐하게 산처럼 쌓는다.

## 02

# 평안도식
# 청포묵무침

서양 요리만큼 멋스럽고
어떤 단백질 식단보다 건강한
오픈 디시 일품 요리

제 친정어머니는 평안도 분이시라, 어릴 때부터 깔끔하게 양념한 청포묵무침을 자주 해주셨습니다. 국수처럼 가늘게 썬 새하얀 청포묵을 살짝 데치고 들기름 향이 고소한 양념장에 무쳐 김가루를 뿌리면 단순하면서 감칠맛 나는 요리라 참 좋아했지요. 가족들이 자주 가던 한식 정찬 요리에도 애피타이저로 청포묵무침이 빠지지 않는 걸 보면 이 요리는 깔끔하게 입맛을 돋우는 식전 요리로 그만인 듯합니다. 손님상에 청포묵무침을 올리면 메인 요리를 먹기 전 손님들의 젓가락이 가장 먼저 향하기도 해요. 특히 다이어트나 채식에 관심이 많은 젊은 여성들은 모처럼 양껏 덜어가서 맛있게 즐기기도 합니다. 청포묵을 국수 삼아 계절 채소들을 넣고 가벼운 양념부터 고추장 베이스의 진한 양념과 함께 버무리면 부담 없이 먹을 수 있죠. 게다가 청포묵은 대표적인 저열량 식품이면서 필수 아미노산과 단백질이 풍부해 온 가족이 든든하고 건강하게 한 끼 식사로 애용할 수 있을 거예요. 눈도 입도 즐거운 청포묵무침 한번 만들어 보세요.

## INGREDIENT
(4인분)

청포묵 1팩(300g), 숙주 100g, 참나물 100g, 표고버섯 3개, 조미김(도시락김) 1/2팩, 소금 1t, 깻가루 취향껏

**양념장**  연겨자 1/2T, 진간장 3T, 알룰로오스 1T, 들기름·참기름 1/2T씩, 식초 1T, 깻가루 취향껏

## HOW TO MAKE

1. 숙주, 참나물은 씻어서 5cm 길이로 자르고 표고버섯은 채 썬다.
2. 청포묵은 1cm 두께로 길게 채 썰어 볼에 담고, 끓는 물을 부어 부드러워지면 체에 받쳐 물기를 뺀다.
3. 양념장 재료 중 진간장을 전자레인지에 30초 돌려서 연겨자를 풀고 나머지 양념을 섞는다.
   **TIP** | 간장을 따뜻하게 데운 후 연겨자를 넣으면 더 부드럽게 풀린다.
4. 냄비에 물을 넣고 중불로 끓여 숙주·참나물·버섯을 넣고 숨이 죽자마자 꺼낸다.
5. 볼에 2의 청포묵과 3의 양념장을 넣어 살살 섞은 후 4의 채소들을 함께 버무린다.
6. 김을 봉지에 넣어 살살 주물러 가루로 만들어 5에 버무리고, 접시에 담아 깻가루를 뿌린다.

움푹한 정사각이나 둥근 그릇에 쌓듯이 담은 후 깻가루를 솔솔 뿌리면 먹음직스럽다.

## 03

# 두부면
# 게살 오이무침

샐러드처럼 푸짐하게 담아
식탁은 풍성하게, 속은 든든하게,
영양도 만점인 식전 요리

저는 원래 면 요리를 참 좋아합니다. 하지만 밀가루를 잘 소화하지 못해 늘 국수는 큰맘 먹고 먹어야 했고, 다 먹고 나면 여지없이 배가 아팠죠. 저에게 국수는 좋아하지만 멀리해야 하는 애물단지 음식이 되었어요. 그런데 언젠가부터 쌀국수니 쌀소면 등이 선보이더니 두부면, 두유면, 콩단백면, 해초면 등 '건강'을 컨셉으로 한 면들이 쏟아져 나와 이제는 다양한 면 요리를 마음껏 즐길 수 있게 되었습니다. 밀면의 매력과는 다르지만, 제각각 면이 가진 맛과 식감을 파악하고 어울리는 식재료들과 곁들이다 보면 무궁무진한 면 요리의 세계를 만날 수 있습니다.

그 가운데 속이 편안하고 상큼한 국수를 먹고 싶을 때 15분 이내 후다닥 만드는 무침 국수가 있는데요. 고단백 저열량 간편식, 두부면 게살 오이무침입니다. 다소 흐물거리는 두부면의 식감을 아삭한 오이가 잡아주고, 짭짤하고 탱글탱글한 게맛살이 양념의 맛을 기분 좋게 거들어 줍니다. 새콤달콤한 두부샐러드 같아서 식전 요리로도 그만이고, 가볍고 건강하게 저녁을 먹고 싶을 때 가족들을 위한 한 그릇 다이어트 식사로도 손색없는 두부면 게살 오이무침을 소개합니다.

34　집밥이 초대 요리로 빛나는 순간

## INGREDIENT
(2인분)

두부면 1팩(2인분), 오이 1개, 게살(게맛살) 100g, 소금 1t, 깻가루 취향껏

**소스** 다진 청양고추 1/2t, 간장 1T, 연두순 1/2T, 알룰로오스 1T, 참기름 1/2T, 식초 1T

**TIP** | 다진 청양고추 대신 연두 청양초 1방울로 대체해도 좋다.

## HOW TO MAKE

1. 두부면은 체에 밭쳐 끓는 물을 한 번 붓고 물기를 털어낸다.
2. 오이는 채 썰어 소금을 뿌리고 약 10분 후 물기를 짠다.
3. 게맛살은 가늘게 찢는다.
4. 준비한 소스 재료를 모두 섞는다.
5. 두부면에 소스를 넣고 비벼서 접시에 담고, 그 위에 오이와 게맛살을 쌓고 깻가루를 뿌린다.

타원형 접시에 국수를 돌돌 말아 길게 담고 그 위에 오이, 게살 순서로 얹으면 예쁘다. 개인 접시에 덜어서 섞어 먹는다.

## 04

# 단호박
# 브로콜리 버무림

죽으로만 해먹던 단호박을
통으로 버무려, 씹는 맛도 색감도
레벨 업된 애피타이저

원래 한식에는 단호박을 이용한 요리가 제법 있었지만, 껍질이 단단하고 벗기기 힘들다 보니 주로 쪄서 으깬 후 죽을 만들거나 디저트에 쓰는 경우가 대부분이었습니다. 그런데 요즘은 껍질을 벗겨 손질한 단호박을 새벽 배송으로 받아볼 수 있어 활용할 수 있는 요리가 많아졌습니다. 물론 모든 식재료는 갓 수확해 흙이 묻은 것이 신선해서 건강에 제일 좋다고 하지요. 22년째 주부로 살면서, 손질된 재료를 새벽 배송으로 받으면 최대한 배송 받은 날 저녁까지는 요리하는 것을 원칙으로 삼고 있습니다. 재료를 냉장고에서 묵히지 않고 빨리 요리하는 것만으로도 충분한 영양과 맛을 놓치지 않는다고 생각하니까요.

단호박을 각종 생선조림이나 고기찜, 카레, 스튜 등에 활용하면 설탕을 비롯한 당류를 평소보다 반 이상 줄여도 단맛이 충분할 정도로 제 역할을 해줘서 좋습니다. 오늘은 탄수화물을 줄이는 식단 중일 때조차도 포기할 수 없는, 포만감은 물론 맛까지 보장하는 단호박 브로콜리 버무림을 소개합니다. 단, 이 요리를 하는 날은 밥을 1/2공기만 드시길 권합니다.

## INGREDIENT
(2인분)

손질 단호박 250g, 브로콜리 1/2개, 구운 아몬드 슬라이스 취향껏

**소스** 마요네즈 3T, 머스터드 1/2T, 알룰로오스 1/2T, 참기름 1t, 연두순 1T, 후춧가루 약간

## HOW TO MAKE

1. 단호박은 한입 크기로 잘라 뚜껑 있는 전자레인지 용기에 담고 5분 돌린다.

2. 브로콜리는 한입 크기로 잘라 냄비에 넣고, 물을 부어 약 3분 데친 후 체에 밭쳐 물기를 뺀다.
   **TIP** | '채소 탈수기'를 사용하면 물기를 더 쉽고 빨리 뺄 수 있다.

3. 준비한 소스 재료를 모두 섞은 후 1의 단호박, 2의 브로콜리를 넣어 나무 주걱으로 버무리고, 구운 아몬드 슬라이스를 뿌린다.
   **TIP** | 물기를 완전히 뺀 후 소스에 버무려야 더 맛있다.
   채소를 버무릴 때 나무주걱으로 저어야 뭉개지지 않는다.

검정이나 진한 색 납작한 정사각 또는 원형 접시 가운데에 쌓듯이 담으면 호박색이 돋보여 예쁘다.

# 05

# 사과와
# 초절임 고등어회

고급 일식 오마카세를 즐기듯
눈으로 먼저 감상하고 입안에서
달콤새콤한 맛을 느끼는 미식 요리

친한 지인들과 이태원에서 '핫'하다는 프렌치 비스트로에 간 적이 있었어요. 애피타이저로 '시메사바'가 가장 인기 있는 메뉴라기에 주문해 보았죠. 시메사바는 생고등어를 식초에 숙성해서 만든 일본식 고등어회인데요. 프랑스 식당에서 가장 인기 높은 메뉴가 일본 요리라는 것이 처음에는 아이러니했지만, 맛을 보고 나니 의외의 조합이 빚어낸 놀라운 미식의 시간이었어요. 세계 곳곳을 여행하다 보면, 요즘 사람들의 발길을 잡아끄는 레스토랑은 공통적으로 셰프들이 동서양 요리의 만남을 훌륭하게 소화한다는 걸 알 수 있습니다. 특히 풍부한 소스가 매력인 한식 베이스의 요리들이 세계 곳곳에서 사랑받는 모습을 만날 때면 더 뿌듯해지곤 한답니다. 오늘 소개할 고등어 요리도 그런 요리입니다. 인터넷에 '시메사바'를 검색해서 자정 전에 주문하면 다음 날 초절임 고등어회를 받아볼 수 있고, 사과 1/2개와 한식의 기본 양념만 있으면 15분 이내에 고급 요리를 완성해 낼 수 있거든요. 식탁에 화이트와인이나 청주, 사케가 있는 날 이 메뉴를 함께 올리면 박수받게 되리라 확신합니다.

## INGREDIENT
(4인분)

초절임 고등어(시메사바) 1마리(110~150g), 사과 1/2개, 쪽파 2대, 홍고추 1개

**양념장**  맛간장 1T, 알룰로오스 1t, 미림 1T, 레몬즙 1/2T, 2배 식초 1t

**TIP** | 맛간장 대신 향신장 또는 연두순을 같은 양으로 대체해도 좋다.

## HOW TO MAKE

1  홍고추는 다지고 쪽파는 송송 썰어서 볼에 담는다.

2  준비한 소스 재료를 모두 섞어 만들어 둔다.

3  사과는 깨끗이 씻어 껍질째 0.3cm 두께 반달 모양으로 썬다.

4  초절임 고등어회는 껍질을 한 번에 벗겨내고, 2cm 두께로 썬 다음 2의 소스에 무친다. 접시에 사과와 함께 예쁘게 담고 1의 쪽파와 홍고추를 위에 뿌린다.

**TIP** | 고등어 껍질을 벗기면 식감도 부드러워지고 비린내도 적어진다.

직사각형 접시에 고등어를 간격을 둬서 나란히 놓고, 남은 소스를 접시 바닥과 고등어에 고루 뿌리면 좋다. 고등어 사이사이에 사과를 한두 쪽씩 끼워 넣고, 쪽파와 홍고추를 위에 골고루 올리면 예쁘다.

## 06

# 견과류 굴무침

서양 최고급 애피타이저 재료인
굴의 부드러움과 오독오독 씹히는
견과류의 고소한 만남

찬 바람이 불고 굴 철이 오면 생굴로 이것저것 해먹을 생각에 신이 납니다. 저는 개인적으로 굴 요리 중에 굴무침을 가장 좋아하거든요. 제철에 나는 싱싱한 굴을 써야 제맛이 나고 같이 버무리는 채소도 굴 철에 가장 맛있어서 겨울에 제대로 즐길 수 있어 더욱 좋아하게 된 것 같아요.

과일 중에 특정 계절에만 먹을 수 있는 복숭아, 자두, 딸기, 거봉을 좋아하는 것과 같은 이유겠지요. 요즘은 거의 모든 식재료를 일 년 내내 냉동으로도 구할 수 있어 계절감이 많이 사라지긴 했지만, 제가 누누이 강조하듯 그 계절을 잘 느낄 수 있는 식재료로 만든 요리보다 나은 밥상 위 보약은 없습니다.

늦가을부터 겨울 내내, 싱싱한 생굴을 이용한 견과류 굴무침을 많이 많이 해드세요. 제철 생굴과 오독오독 씹히는 견과류의 식감이 매력적이라 갓 지은 쌀밥 위에 얹어 먹으면 눈 깜짝할 새 한 그릇을 비우게 될 거예요.

46　집밥이 초대 요리로 빛나는 순간

## INGREDIENT
(4인분)

생굴 500g, 깐 밤(삶지 않은 날것) 5알, 잣·구운 아몬드 3T씩, 배 1/4개, 미나리 100g, 참기름 2T, 레몬즙 2T, 깻가루 취향껏
**TIP** | 잣, 구운 아몬드가 없으면 집에 있는 견과류로 대체해도 좋다.

**양념장** 양파 1/4개, 다진 마늘 1t, 피시소스 1T, 고추장 2T, 알룰로오스 2T, 연두순 1t, 2배 식초 3T, 고춧가루 4T, 생강가루 1t, 소금 1/2T, 설탕 1T

## HOW TO MAKE

1. 깐 밤은 편 썰고 배와 미나리는 4cm 길이로 채 썬다.

2. 굴을 흐르는 물에 살살 씻어 체에 밭친 후 먼저 레몬즙에 버무린 다음 참기름으로 버무려 놓는다.
   **TIP** | 먼저 레몬즙으로 버무리면 굴이 더 탱탱해지고, 이후 참기름에 버무리면 식감이 더 좋아진다.

3. 준비한 양념장 재료를 모두 섞는다.
   **TIP** | 도깨비방망이나 믹서기로 갈아서 사용하면 더 잘 섞이고, 양파만 갈아서 섞어도 괜찮다.

4. 1의 배와 미나리, 2의 굴 1/3 분량, 3의 양념장 1/2을 버무려 접시에 담는다.

5. 1의 밤·잣·구운 아몬드와 남은 굴을 나머지 양념장에 살살 버무려 4 위에 쌓듯이 놓고 깻가루를 뿌린다.
   **TIP** | 굴과 견과류가 접시 가운데 있어야 먹음직스럽고 푸짐해 보인다.

모든 재료를 한데 섞어 담아도 좋지만, 채소를 아래에 놓고 굴과 견과류를 위에 푸짐하게 쌓으면 보기도 좋고 먹을 때 식감이 더 잘 어울린다.

## 07

# 라면땅
# 채소무침

세계인이 사랑하는 한국 라면과
서양의 양배추, 동양의 고수가 만나
탄생한 독특한 애피타이저

해마다 11월 셋째 주 목요일 저녁이면 '추수감사절(Thanksgiving)' 저녁 모임이 있습니다. 미국식 추석이라고 할 수 있는 추수감사절이 되면 한국에 사는 미국인 친구와 그 가족들이 모입니다. 이때 큰 칠면조구이 한 마리에 집안마다 자신 있는 요리를 갖고 와 상다리가 휘어지게 차려놓고 밤늦도록 와인과 담소를 나누는 파티를 엽니다. 요리 실력이 뛰어난 주부들이 많아 '올해는 다들 어떤 음식들을 해올까?' 하는 기대감이 상당합니다. 10년 넘도록 집집을 돌며 열었던 큰 파티인데, 애피타이저부터 디저트까지 맛있는 게 너무 많이 나와 그날은 종일 굶고 가야 할 정도지요. 그 수많은 요리 가운데 제 입맛을 단번에 사로잡은 샐러드가 있으니, 일명 '라면땅 샐러드'입니다. 처음 봤을 때 비주얼부터 너무 새로워서 호기심이 일었고 한입 먹는 순간 재료들이 씹히는 맛은 행복 그 자체였습니다. 라면땅 샐러드를 만들어 온 지인에게 당장 레시피를 배워 집에서도 자주 만들어 먹었죠. 레시피를 전해 준 하목연 언니와 홍콩에 사는 그녀의 친구 린디 헤셀먼(Rindy Hesselman)에게 감사를 전하며, 여러분과 맛있는 비법을 공유합니다.

## INGREDIENT
(4인분)

라면(스낵면) 1개, 양배추 1/2통, 쪽파 8대, 고수 30g, 각종 견과류(아몬드 슬라이스, 잣, 해바라기 씨 등) 50g
**TIP** | 집에 있는 라면은 무엇이든 좋지만 생라면일 때 스낵면이 가장 바삭하다.

**소스** 식용유 3/4컵, 간장 1T, 물 2T, 설탕 1.5T, 라면 수프 1개
**TIP** | 포도씨유나 카놀라유 같은 묽은 식용유가 적합하다.

## HOW TO MAKE

1. 쪽파와 고수는 다지고, 양배추는 채 썬다.
2. 라면은 한입 크기로 자른다.
3. 예열한 팬에 기름 없이 2의 라면과 견과류를 올려 중약불에 바삭하게 굽는다.
4. 준비한 소스 재료는 모두 담아 거품기로 고루 섞는다.
5. 식사 시작 약 15분 전에 4의 소스와 1의 채소를 버무려 놓고, 상에 내기 직전에 3의 구운 라면과 견과류를 넣어 버무린다.

둥근 접시나 움푹한 샐러드 볼에 수북이 쌓듯이 담고, 1인용 접시를 함께 낸다.

## 08

# 갑오징어 초무침

사계절 어느 때나 뚝딱 만들 수 있고
샐러드로도, 메인 디시로도
손색없는 만능 요리

예전에 〈여유만만〉이라는 방송 프로그램에서 여자 아나운서 세 명이 전국을 여행하며 재료를 직접 가져와 요리 대결을 펼치는 촬영을 한 적이 있습니다. 재료를 현지에서 가져오다 보니 제철 식재료로 푸짐한 한 상이 차려졌고, 현지 주민들을 심판으로 모시고 우열을 가리는 재미있는 서바이벌 형식이었죠. 장을 보러 갈 때 5만 원이라는 예산 제한이 있어서 재료 한 가지를 살 때도 무척 신중해야 했어요. 그때 제법 큰맘 먹고 사야 했던 식재료가 있었으니, 바로 갑오징어였습니다. 당시 전통 시장에서 1마리에 2만 5,000원이나 했기에 재료 손질도 아주 신중하게 했던 기억이 있습니다. 다행히 비싼 만큼 싱싱하고 식감도 훌륭한 갑오징어는 특제 소스와 채소에 잘 어우러져 동네 주민의 박수를 받는 멋진 요리로 탄생했습니다.

요즘은 손질된 신선한 갑오징어를 구하기도 쉬워 각종 요리에 활용할 수 있으니, 얼마나 반가운지 모릅니다. 오늘은 언제 먹어도 입맛을 돋우는 갑오징어 초무침을 소개합니다.

## INGREDIENT
(4인분)

손질 갑오징어 2마리, 양파 1개, 미나리 100g, 배 1/4개, 참기름 1T, 깻가루 취향껏

**양념장** 양파 1/4개, 배 1쪽, 고추장 2T, 피시소스 2T, 알룰로오스 2T, 2배 식초 2T, 레몬즙 1t, 고춧가루 2T
TIP | 피시소스 대신 액젓을 같은 양으로 대체해도 좋다.

## HOW TO MAKE

1. 냄비에 물과 손질된 갑오징어를 넣어 뚜껑을 닫고 중불로 두었다가, 물이 끓기 직전 불을 끈 후 뚜껑 닫아 5분 뜸 들인다.

2. 준비한 양념장 재료를 모두 섞어 만들어 둔다.
   TIP | 믹서기 또는 도깨비방망이로 갈아서 사용하면 더 잘 섞인다.

3. 양파는 1cm 두께로 채 썰어 2의 소스에 10분 이상 담가 놓는다.

4. 미나리와 배는 3cm 길이로 채 썰고, 갑오징어는 한입 크기로 자른다.

5. 3의 양념장과 4의 미나리·배·갑오징어를 살살 버무린 후, 참기름과 깻가루를 뿌린다.
   TIP | 소스에 버무리기 전에 모든 재료는 물기를 빼야 소스가 잘 밴다.

움푹한 원형이나 정사각 접시에 쌓듯이 담은 후 깻가루를 뿌린다.

### 09

# 매콤 초록채소
# 녹두당면무침

태국의 얌운센이 생각나는
이국적인 맛의 채소 듬뿍
다이어트 누들 샐러드

우리나라에서는 고구마, 감자, 녹두당면으로 주로 잔치 음식인 잡채를 해 먹지요. 서양이나 동남아 등에선 밀가루 국수보다 식감이 가벼운 당면을 삶아 각종 채소와 해산물, 새콤달콤 드레싱과 섞어 누들 샐러드를 많이 만들어 먹습니다. 물론 밥과 갓 만든 잡채를 주요리로 먹어도 맛있지만, 데친 후 한김 식힌 당면과 아삭한 채소, 상큼한 소스에 무친 당면 샐러드도 가벼우면서 훌륭한 애피타이저가 됩니다.

저는 개인적으로 초록색 계절 채소를 다양하게 섞은 당면 샐러드를 참 좋아합니다. 매콤하게 무쳐낸 채소와 당면이 입맛을 끌어당겨서 계속 젓가락이 가는 반찬이 될 거예요. 특히 녹두당면은 열량이 낮고 단백질 함량이 높은 다이어트 식입니다. 게다가 면이 잘 붇지 않아서 손님 초대에서 식사가 길어져도 변함없이 끝까지 맛있게 먹을 수 있는 음식이라 어떤 모임에서나 인기 만점이랍니다.

## INGREDIENT
(2인분)

녹두당면 70g, 시금치 100g, 참나물 100g, 양파 1/2개, 돼지고기 다짐육 60g, 미림 1T

**소스** 다진 청양고추 1t, 피시소스 1T, 알룰로오스 1/2T, 간장 2T, 연두순 1/2T, 식초 1T, 물 3T

**TIP** | 다진 청양고추 대신 연두 청양초 1/2t로 대체해도 좋다.

## HOW TO MAKE

1  녹두당면은 찬물에 10분 이상 불린다.

2  시금치와 참나물은 4cm 길이로 자르고, 양파는 채 썬다.

3  돼지고기는 미림에 버무린다.

4  냄비에 물을 끓여 양파 – 당면 – 시금치 – 참나물 – 고기 순으로 각각 넣었다가 익자마자(채소는 아삭할 때) 건져 체에 밭쳐 준비한다.

5  준비한 소스 재료를 모두 섞는다.

6  4에서 익힌 재료에 찬물을 한 번 부어 한 김 식힌 후 물기를 빼고, 약간 미지근할 때 5의 소스를 부어 살살 무친다.

정사각형 또는 둥근 접시에 쌓듯이 담아 1인용 접시와 함께 낸다.

그릇 협찬 : 채율 80% 연꽃 티스푼, 채율 핀 모란꽃 물잔 컵받침

## 10

# 두릅튀김

무침으로만 만났던 두릅을
코스 요리의 애피타이저,
혹은 디저트로 즐길 수 있는 튀김 요리

두릅은 초봄, 두릅나무 꼭대기에 솟아오른 새순입니다. 4~5월에만 잠깐 먹을 수 있는 귀한 식재료라, 어릴 때는 어머니가 살짝 데쳐 초고추장과 내주시며 약이라 생각하고 먹으라고 권하셨죠. 그런데 두릅 특유의 향과 쌉쌀한 맛이 진짜 약 같아서 그다지 맛있었던 기억은 별로 없었어요. 그런데 몇 년 전 〈행복한 지도〉라는 여행 프로그램 촬영차 봄에 지리산을 방문했다가 산자락 아래 산채정식집에서 두릅튀김을 먹었을 때는 너무 맛있어서 깜짝 놀랐답니다. 다른 양념 없이 소금과 후추를 곁들여 먹었는데도 식감이 기가 막히더라고요. 그 뒤로 두릅이 나는 철이 되면 부지런히 배달시켜 두릅튀김을 해 먹고 있습니다.

평소 두릅 향을 꺼리던 사람들도 대부분 정말 좋아하게 되는 후다닥 두릅튀김 비법을 여러분과 공유합니다. 한 입 먹으면 입안에 봄 향기가 가득하고 젓가락질을 멈출 수 없는 두릅튀김, 특히 4~5월에 많이 많이 해 드세요!

집밥이 초대 요리로 빛나는 순간

## INGREDIENT
(2인분)

두릅 150g, 찹쌀가루 5T, 얼음물 3T, 식용유 3컵

<u>소스</u>  소금 1/2T, 후춧가루 1t, 허브가루 1t

TIP | 소스 재료 대신 시중에서 판매하는 '허브맛 솔트' 제품 또는 트러플 소금으로 대체해도 좋다.

## HOW TO MAKE

1  두릅은 큰 가시를 제거하고 씻은 다음 물기를 완전히 닦는다.

2  찹쌀가루 1T와 두릅을 위생봉지 또는 밀폐 용기에 넣고 흔들어 섞는다.

3  남은 찹쌀가루 4T와 얼음물을 잘 개어 2와 살살 버무린다.
   TIP | 얼음물을 사용하면 튀김이 더 바삭하게 튀겨진다.

4  팬에 식용유를 붓고 중강불로 달군 후, 두릅을 앞뒤로 살짝 굽듯이 튀긴다.

5  준비한 소스 재료를 섞어서 4의 튀긴 두릅에 흩뿌려서 낸다.

대나무나 나무로 된 그릇에 튀김을 담으면 더 먹음직스럽다.

무수분 삼겹살수육과 양파무침

불고기 토마토쌈

대패삼겹살과 미나리무침

닭넓적다리 고추장구이

돈육전 미나리무침

한국풍 스테이크

오렌지간장소스 닭날개구이

부추마늘 닭모래집볶음

삼겹살깻잎말이

폰즈소스와 소고기채소말이

# PART 2

## 스테이크보다 풍미 가득한
## 고기 요리

초대 상에 메인 요리로 빼놓을 수 없는 고기 요리.
재료 자체의 풍미를 끌어올리는 특제 소스를 곁들이면
더욱 기억에 남는 요리가 완성될 거예요.

# 무수분 삼겹살수육과 양파무침

한정식 밥상에서 맛볼 법한
부드러운 수비드 삼겹살과
새콤한 양파의 컬래버레이션

친정어머니는 평안도 집안에서 자라서 그런지 제가 어린 시절부터 특히 돼지고기 요리를 즐겨 만들어 주셨습니다. 그래서 심심한 평안도식 김치와 함께 먹는 돼지고기수육은 제 최애 음식 가운데 하나가 됐죠. 돼지고기를 삶는 식은 지방마다 집마다 제각각이지만, 요즘 제가 즐겨 만드는 수육은 양파 향이 밴 무수분 방식이에요. 돼지고기 밑에 깔아둔 양파가 고기 기름과 열로 캐러멜화돼서 소스로 제격이고, 자체 수분으로 수비드한 것처럼 익은 삼겹살수육은 은은한 양파 향까지 더해져서 쫄깃하면서도 부드럽고 잡내도 없어 정말 맛있답니다. 돼지고기와 최고의 궁합인 양파무침을 곁들이면 콜레스테롤 흡수도 낮아지고 느끼함도 잡아줘서 무한정 먹게 될 거예요.

## INGREDIENT
(4인분)

미박 삼겹살(수육용) 500g, 양파 3개, 물(삶기용) 1/2컵

**소스** 알룰로오스 1T, 간장 2T, 참기름 1/2T, 식초 1/2T, 고춧가루 1T

## HOW TO MAKE

1. 삼겹살을 4등분한다.

2. 양파를 채 썰어, 그중에 1/2만 냄비 바닥에 깔고 물(삶기용)을 뿌린다.
   **TIP** | 양파가 익을 때 수분이 나오기 때문에 물을 자작하게 넣어도 된다.

3. 냄비 속 양파 위에 삼겹살을 껍질 부분이 위로 가게 놓고 뚜껑을 덮어 중불로 약 5분 가열해 뚜껑이 뜨겁게 달궈지면 약불로 낮춰 약 40분 익힌다.
   **TIP** | 무쇠 냄비나 티타튬 냄비가 적합하다.

4. 익은 삼겹살을 꺼내 고기 결의 반대 방향으로 가지런히 썬다.
   **TIP** | 삼겹살을 젓가락으로 찔러 핏물이 나오면 않으면 잘 익은 상태이다.

5. 익은 양파를 꺼내 체에 받쳐 최대한 물기를 빼고, 대기해 둔 생양파와 준비한 소스 재료를 함께 무쳐서 고기에 곁들여 낸다.

큰 직사각 접시 양옆에 고기와 양파무침을 같이 담아내거나, 움푹한 원형 접시의 가운데에 양파무침을 쌓고 삼겹살을 돌려 담아도 좋다.

# 불고기 토마토쌈

멕시코 파히타처럼 불고기를
토마토에 싸서 먹으면 느껴지는
환상적인 동서양의 맛

저는 어릴 때부터 뭐든지 쌈을 싸먹는 것을 참 좋아했습니다. 가장 오래된 기억은 엄마가 싸주신 삼겹살 상추쌈이었어요. 엄마가 싸주신 선물 주머니 같은 고기 쌈을 입에 넣으면 재료가 하나하나 씹힐 때마다 팡팡 터지는 느낌이 너무나 기분 좋아서, 그때부터 뭐든 싸먹는 버릇이 생긴 것 같아요. 그래서인지 요리할 때 고기 또는 생선과 채소류, 소스가 함께 어우러지며 씹히는 것을 중요하게 생각하게 됐고 요리를 개발할 때도 늘 염두에 두는 포인트가 됐습니다.

오늘은 토마토와 모차렐라치즈의 컬래버레이션에서 영감을 받은 불고기 토마토쌈을 소개합니다. 토마토는 느끼함을 잡고 상큼함을 더하는 놀라운 능력이 있어, 간장 양념에 재운 불고기와도 찰떡궁합이라는 걸 한입 먹는 순간 바로 알 수 있을 거예요.

집밥이 초대 요리로 빛나는 순간

## INGREDIENT
(4인분)

소고기(불고기용) 500g, 토마토 3개, 깻잎 5장, 올리고당 2T, 식용유 1T, 소금·후춧가루 1t씩, 깻가루 취향껏

**소스** 간장 4T, 알룰로오스 2T, 참기름 1T, 향신즙 1T

**TIP** | 향신즙 대신 마늘가루 1t + 생강가루 1/2t로 대체해도 좋다.

## HOW TO MAKE

1. 깻잎은 돌돌 말아 가늘게 채 썰고, 토마토는 가로로 얇게 편 썬다.
2. 준비한 소스 재료를 모두 섞어 만들어 둔다.
3. 2의 소스의 1/2만 소고기에 버무려 10분 이상 재운다.
4. 강불로 달군 팬에 식용유를 두르고 소고기를 올려 중강불에 재빨리 굽고 난 후, 불을 끄고 남은 소스를 넣어 한 번 더 버무린다.

   **TIP** | 고기는 겉이 익었다 싶을 때 불을 끄고 잔열로 익혀야 부드럽다.

5. 접시에 토마토와 소고기를 담고 그 위에 깻잎과 깻가루를 뿌린다.

   **TIP** | 소스를 조금 남겨 놓았다가 플레이팅한 후 샐러드 드레싱처럼 뿌리면 맛있고 모양도 이쁘다.

**Plating tip**

넓고 약간 움푹한 원형 접시 가장자리에 토마토를 넓게 펼쳐 놓고, 가운데에 고기를 쌓은 다음 그 위에 깻잎과 깻가루를 뿌리면 푸짐해 보인다.

# 13

## 대패삼겹살과
## 미나리무침

카르파초처럼 차갑게 먹어도
맛있는 고기와 채소의
쫄깃하고 아삭한 매력적인 조합

저는 고기 먹을 때는 채소를 고기의 두 배는 먹자는 원칙이 있습니다. 고기는 소화가 잘 안 되는 체질이기도 하고, 고기와 많은 채소가 어우러지는 식감을 너무 좋아하기 때문이기도 하지요.

한국인의 국민 고기 삼겹살은 언제 어떻게 먹어도 맛있지만, 기름기가 많은 부위라 먹을 때 살짝 죄책감이 들긴 합니다. 하지만 마늘 된장 육수에 살짝 삶아 낸 대패삼겹살과 미나리무침은 맛이 조화로울 뿐만 아니라 고기를 먹으면서도 샐러드를 먹는 느낌이 들어 건강식이라는 생각에 기분도 좋아진답니다. 소, 닭, 돼지 등 다양한 고기와 식감이 잘 어울리는 채소를 찾아내서 특제 소스에 무쳐 먹는 맛을 알게 되면 먹을 때마다 저처럼 희열을 느낄 거예요.

## INGREDIENT
(2~3인분)

대패삼겹살 400g, 미나리 100~150g, 다진 마늘 1T, 된장 1T

**소스** 피시소스 1T, 향신즙 1/2T, 알룰로오스 1T, 들기름 1/2T, 식초 1/2T, 고춧가루 1T, 깻가루 1T

## HOW TO MAKE

1  냄비에 물을 붓고 다진 마늘, 된장을 풀어 강불에 끓인다.

2  육수가 끓으면 대패삼겹살을 넣었다가 익자마자 바로 건져서 체에 받쳐 물기를 뺀다.
   **TIP** | 대패삼겹살은 샤브샤브 하듯이 살짝 익힌다.

3  미나리는 흐르는 물에 잘 씻어서 물기를 뺀 후 4cm 길이로 썬다.
   **TIP** | 미나리는 억센 부분을 잘라내고 사용하는 것이 좋다.

4  준비한 소스 재료를 모두 섞어 3의 미나리에 넣고 골고루 무친다.
   **TIP** | 미나리의 물기를 완전히 뺀 후 소스에 무쳐야 맛이 좋다. '채소 탈수기'를 사용하면 물기가 쉽게 빠진다.

타원형이나 직사각형 접시 가운데에 고기를 담고 미나리무침을 양옆으로 쌓아 담거나, 둥근 접시 가운데 고기를 쌓고 미나리무침을 테두리에 둘러도 좋다.

그릇 협찬 : 채율 새싹 삼베 트레이(소)

# 14

## 닭넓적다리 고추장구이

한국의 특제 고추장소스가 만들어 낸
이국적인 비주얼의
매콤달콤 닭다리 바비큐

닭고기 중에서도 닭다리는 지방과 단백질이 적절히 섞여 쫄깃한 부위다 보니, 남녀노소 누구나 좋아하죠. 그래서 닭을 한 마리 사면 누가 다리를 먹을지 눈치를 보곤 하는데, 요즘은 닭고기를 부위별로 살 수 있어서 참 좋습니다.

우리 가족도 전부 '닭다리파'라 아예 넓적다리살까지 붙어있는 큼직한 통닭다리 4개를 사서 바짝 구워 특제 고추장소스를 발라 먹으면 양념치킨도 생각 안 날 일품요리가 탄생합니다.

닭다리는 이렇게 저렇게 요리해 봐도 역시 30분 이상 밑간해서 오븐에 굽는 게 가장 맛있더라고요. 고기에 양념을 발라서 오븐에 익히면 자칫 겉만 타고 속은 안 익기 쉽습니다. 이런 경험 때문에 오븐을 꺼리게 될 수 있어요. 저도 수많은 시행착오 끝에, 고기만 먼저 오븐에서 충분히 바싹 굽고 진득한 소스를 나중에 바르면 아주 맛있다는 것을 알게 되었죠.

쿠킹 클래스 수강생들은 주로 엄마이다 보니 늘 닭다리를 가족에게 양보하는 습관이 들었어요. 그래서 이 요리 수업에서 커다란 닭다리를 하나씩 받아 들면 어찌나 감동하는지, 그 표정만 봐도 뿌듯해진답니다.

## INGREDIENT
(2인분)

닭다리(통닭다리로 주문) 2개, 양파 1개, 마늘 6알, 쪽파 1대, 깻가루 취향껏, 오일 스프레이

**닭고기 절임소스** 다진 마늘 1T, 청주 2T, 레몬즙 1T, 올리고당 1T, 소금 1/2T, 생강가루 1t

**TIP** | 청주 대신 미림을 같은 양으로 대체해도 좋다.

**고추장소스** 고추장 2T, 간장 2T, 올리고당 2T, 물 3T, 향신장 1T, 미림 1T, 후춧가루 1t

## HOW TO MAKE

1. 쪽파는 송송 썰고, 마늘은 편 썰고, 양파는 1cm 폭으로 채 썬다.

2. 닭고기는 살에 칼집을 고루 넣고 절임소스를 뿌려 30분 이상 재운다.

3. 팬에 고추장소스 재료를 모두 넣고 중약불로 걸쭉해질 때까지 끓인다.

4. 2의 닭고기에 오일 스프레이를 고루 뿌려서 200℃로 예열한 오븐에 약 15분 굽고, 한 번 뒤집어 1의 마늘, 양파도 함께 넣어 약 15분 더 굽는다.

5. 오븐에서 꺼낸 닭을 3의 팬에 넣어 양면을 각 2~3분 졸인 후 접시에 담고 1의 쪽파와 깻가루를 뿌린다.

**Plating tip**
둥글고 움푹한 접시에 양파, 마늘을 고루 깔고 닭고기를 올린 후 팬에 남은 소스를 전체적으로 끼얹고 쪽파와 깻가루를 뿌린다. 매운맛을 중화하고 싶으면 깻가루 대신 치즈가루를 뿌려도 좋다.

**15**

# 돈육전
# 미나리무침

육즙 팡팡 터지는 육전과
상큼 아삭한 미나리무침의
환상적인 만남

5년 차 아나운서 시절 TV 프로그램 〈6시 내 고향〉의 리포터로 남도 음식 기행 촬영을 다닌 적이 있었어요. 식재료가 풍부하고 양념에 감칠맛이 가득한 전라남도의 음식점 중에서도 순창 고추장마을에서 먹었던 백반 정식은 평생 잊을 수 없는 맛으로 기억에 남았습니다. 일단 반찬부터 엄청나게 많아요. 반찬 그릇 4개를 딱 붙여서 한가운데 위쪽에 반찬 그릇 1개를 더 올려놓았어요. 반찬 하나하나가 다 맛있고 정성스러워서 밥을 몇 그릇을 먹어야 이 반찬들을 한 번씩이라도 먹어볼지 가늠이 안 될 정도였죠. 그런데 식사 도중에 할머니 한 분이 휴대 버너와 프라이팬을 들고 오셔서는 무릎을 꿇고 그 자리에서 육전을 부쳐주시는 거예요. 전이 어찌나 부드럽고 입에서 살살 녹았는지, 과연 전은 부치자마자 먹어야 제맛이라는 것을 확실히 알게 되었죠. 부드러운 돼지고기로 부친 전과 반찬으로 나온 채소무침의 조합이 기가 막히게 좋아 끝도 없이 흡입했던 행복한 기억으로 남았죠. 그때 추억을 되살려 집에서도 종종 만들어 먹곤 하는데, 특히 가족들 생일상에 자주 올리는 잔치 음식으로 자리하고 있습니다. 먹기 직전에 부쳐서 따끈한 돈육전과 미나리무침을 꼭 함께 드셔보세요.

## INGREDIENT
(4인분)

돼지고기 안심(육전용) 500g, 전분 3T, 달걀 2개, 미나리 200g, 깻가루 취향껏

**TIP** | 전분은 타피오카로 사용하면 글루텐프리라 소화가 잘 되서 좋다.

**돼지고기 밑간** 맛술 3T, 소금 1T, 후춧가루 1/2T, 생강가루 1t

**미나리무침 소스** 피시소스 1T, 알룰로오스 1T, 연두순 1/2T, 식초 1T, 참기름 1/2T, 고춧가루 1T, 깻가루 약간

## HOW TO MAKE

1. 돼지고기 밑간 재료를 모두 섞어서 돼지고기를 10분 이상 재운다.

2. 밑간에 재운 돼지고기는 체에 밭쳐 수분을 제거한다.
   **TIP** | 전분옷을 입히려면 수분을 최대한 제거해야 한다.

3. 미나리는 물에 잘 씻어서 물기를 뺀 후, 억센 밑동을 자르고 4cm 길이로 썬다.

4. 달걀을 풀어 전분과 함께 팬 옆에 준비해 둔다.

5. 팬을 중강불로 1분 예열하고 중불로 낮춰 오일 스프레이를 뿌린 다음, 돼지고기를 전분, 달걀물 순으로 고루 묻혀 앞뒤로 노릇하게 굽는다.

6. 준비한 소스 재료를 모두 섞은 후 미나리를 넣어 무친다.

직사각형의 큼직한 접시에 육전을 일자로 깔고, 옆에 둥근 접시를 놓고 미나리무침을 높이 쌓아 담아 깻가루를 뿌린다.

# 16

## 한국풍 스테이크

고기 맛 살리는 데 독보적인 한국 소스와
무로 더욱 풍부한 맛을 낸
일품 메인 디시

CEO로 은퇴한 분들의 부탁으로 쿠킹 클래스를 진행한 적이 있습니다. 쿠킹 클래스 초창기라 저도 경험이 별로 없어서, 먼저 어떤 요리를 배우고 싶은지 희망 메뉴를 여쭤보았죠. 그랬더니 거창한 요리 말고 그냥 반찬으로 고기는 어떻게 굽는지 찌개는 어떻게 끓이는지 밥은 어떻게 짓는지부터 알려달라고 하시더군요. 쿠킹 클래스에서는 뭔가 거창한 요리만 가르쳐야 한다고 생각한 것도 선입견이라는 걸 깨닫는 순간이었어요. 그래서 처음부터 평범하고 익숙한 집밥 레시피부터 써가기 시작했죠.

보통 고기만 구우면 밥과 김치만 놓아도 한 끼가 해결되다 보니 고기를 자주 굽죠. 하지만 고기를 맛있게 굽는 사람이 따로 있는 걸 보면 기술이 필요하다는 사실은 분명해 보입니다. 고기를 맛있게 구워 밥반찬으로 내려면 어울리는 소스를 만들어야 하고요.

오늘은 나이프로 썰어 먹는 정통 스테이크는 아니지만 밥, 국과 곁들이면 고급스러운 한식 반상이 완성되는 한국풍 스테이크를 소개합니다.

## INGREDIENT
(3~4인분)

소고기 안심(스테이크용 최소 2~3cm 두께) 500g, 무 100g(1/4개), 쪽파 3대, 청주 1/4컵, 오일 스프레이, 소금·후춧가루·마늘가루 약간씩
**TIP** | 청주 대신 미림을 같은 양으로 대체해도 좋다.

**소스** 진간장 3T, 레몬즙 1T, 미림 1T, 올리고당 1T, 유자청 1t

## HOW TO MAKE

1  무는 강판에 갈아서 체에 키친타월을 깔고 밭쳐서 물기를 뺀다.
  **TIP** | 간 무를 그대로 체에 밭치면 입자가 너무 고와서 흘러내리므로 키친타월을 까는 것이 좋다.

2  쪽파는 송송 썬다.

3  소고기는 앞뒤에 소금·후춧가루·마늘가루를 살짝 뿌리고 오일 스프레이를 가볍게 뿌린다.

4  팬을 강불에 예열한 후 달궈지면 중강불로 낮춰 오일 스프레이를 뿌린 다음, 소고기를 앞 – 뒤 – 옆 – 옆 – 앞 – 뒤 순서대로 2분 – 2분 – 1분 – 1분 – 1분 – 1분 굽고 쿠킹포일에 싸서 약 5분 레스팅(Resting)해준다.
  **TIP** | '레스팅(Resting)'은 굽거나 조리한 고기를 잠시 그대로 두어 육즙과 풍미를 가두는 방식이다.
  구울 때 청주를 붓고 불을 붙여 불맛을 입혀주면 풍미가 더 좋아진다.

5  준비한 소스 재료를 모두 섞고 2의 쪽파를 넣어 전자레인지에 30초 돌려준다.

6  4에서 레스팅한 고기를 1cm 두께로 썬다.

7  접시 가운데에 고기를 가지런히 담고, 간 무를 고기 위에 올리고 소스를 전체에 골고루 뿌린다.
  **TIP** | 먹을 때 고기 위에 무를 올려 같이 먹는다.

넓은 직사각형 또는 원형 접시에 고기를 담고 집에 있는 다양한 색깔의 채소를 익혀 같이 얹어도 좋다.

PART 2. 스테이크보다 풍미 가득한 고기 요리

# 17

## 오렌지간장소스 닭날개구이

프랑스 스타일 마멀레이드소스와
한국 최고 양념 간장의 조화가
이색적이고 고급스러운 닭 요리

서유럽 쪽을 여행하다 보면 소, 돼지, 닭, 오리 등 육류를 각종 잼과 소금, 후춧가루로 밑간해서 오븐에 구워낸 요리가 많습니다. 주식이 빵이다 보니 집마다 늘 맛있는 수제 잼이 있고, 잼의 과일 향과 당분이 고기 잡내를 제거하고 연육 작용도 해주니 맛이 없을 수가 없죠.

저도 냉장고에 각종 잼을 갖추고 있지만 우리 집 식구들은 빵보다 밥을 자주 먹다 보니 잼들이 오랫동안 냉장고 자리만 차지하고 있을 때가 많습니다. 그래서 언젠가부터 잼들을 소스로 활용하기 시작했는데요. 의외로 간장과 고춧가루, 마늘, 생강 등 각종 우리 양념과 잼을 섞으면 고기 요리가 더 고급스러워진다는 것을 발견했습니다. 여러분도 고기의 연육 작용과 단맛을 내려면 설탕 대신 잼을 넣어보세요. 이번 요리는 바싹 구운 닭고기와 찰떡궁합인 오렌지잼 간장소스 닭날개구이입니다.

## INGREDIENT
(4인분)

닭날개 700g, 식용유 1/2컵, 깻가루 취향껏

**소스** 오렌지잼 1/2컵, 다진 마늘 1T, 간장 1/3컵, 식초 2T, 미림 1T, 생강가루 1/2t

**TIP** | 오렌지잼 대신 마멀레이드를 같은 양으로 대체해도 좋다.

## HOW TO MAKE

1. 닭날개는 씻은 후 물기를 닦아 준비한다.
2. 팬을 강불로 예열한 후 중강불로 낮춰 식용유를 둘러 뜨거워지면 닭날개를 노릇하게 앞뒤로 구워 꺼내 두고 팬의 기름은 버린다.
3. 2의 팬에 소스 재료를 모두 넣어 중불로 바글바글 끓인다.
4. 3의 소스가 진득해지면 닭날개를 넣고 숟가락으로 소스를 부어가며 끓인 다음, 접시에 담고 깻가루를 뿌린다.

직사각 또는 타원형 접시에 닭날개를 가지런히 놓은 후 팬에 남은 소스를 위에 끼얹고 깻가루를 뿌린다.

# 18

## 부추마늘
## 닭모래집볶음

포차 대표 메뉴 닭모래집볶음이
특제 소스와 만나 변신한
고급스러운 페어링 메뉴

미식가이자 애주가이자 대식가인 저는 맛있는 안주 먹는 맛에 술을 마시는 사람 중 하나입니다. 그래서 술과 어울리는 안주를 찾아다니는 것이 큰 즐거움이죠. 그런데 밖에서 사 먹는 맛있는 안주들은 비싼데 양은 적어서 그게 늘 아쉽습니다. 그래서 좋아하는 안주는 재료를 사서 집에서 대용량으로 만들어 남편과 한잔하는데요. 그러다 보니 우리 부부에게는 안주, 딸들에게는 반찬이 된 메뉴들이 꽤 있지요.

제가 포장마차에서 맥주나 소주와 함께 즐겨먹는 안주가 닭모래집볶음입니다. 그러나 늘 양이 아쉬운 안주 중 하나예요. 집에서 향신 채소를 넣어 짭짤하게 볶아 먹으면 밥반찬으로도, 맥주 한잔에 곁들이기에도 그만이랍니다. 요즘엔 인터넷에서 깨끗이 손질한 닭을 부위별로 판매하니 구하기도 쉬워요. 닭고기 부위별로 나만의 소스를 개발해 먹는 재미를 여러분도 느껴보길 바랍니다.

## INGREDIENT
(2인분)

닭모래집 300g, 마늘 10알, 부추 100g, 양파 1/2개, 다진 청양고추 1/2T, 맛술 1T, 청주 2T, 참기름 1/2T, 식용유 1T, 깻가루 1T, 후춧가루 1t

**TIP** | 다진 청양고추는 팩에 담긴 냉동 제품을 사용하고, 양은 취향껏 넣되 너무 매운맛이 싫으면 다진 홍고추를 넣어도 맛있다.

**소스** 간장 1T, 맛술 2T, 연두순 1t, 올리고당 1T, 소금 1/2T

## HOW TO MAKE

1  닭모래집은 찬물에 30분 정도 담가 핏물을 뺀다.

2  냄비에 물을 끓여 청주를 넣고 닭모래집을 살짝 데쳐 체에 밭친다.

3  마늘은 편 썰고, 부추는 3cm 간격으로 썬다.

4  팬을 달군 후 식용유를 두르고 중불에 마늘과 다진 청양고추를 볶는다.

5  마늘 향이 올라오면 2의 데친 닭모래집과 소스 재료를 모두 넣고 조린다.

6  소스가 진득해지면 후춧가루, 3의 부추를 넣고 1분 미만으로 볶다가 숨이 죽자마자 불을 끈다.

7  6에 참기름 두르고 소금으로 간한 후 접시에 담아 깻가루를 뿌린다.

흰색 긴 타원이나 직사각 접시 가운데 길게 담으면 보기 좋다.

# 19

## 삼겹살깻잎말이

깻잎 하나 깔았을 뿐인데
품격이 올라가는
한국풍 오븐 요리

제 큰딸은 미국에서 대학에 다니고 있어서 방학에만 한국에 오는데, 그러다 보니 엄마가 해준 한식을 늘 그리워합니다. 올 때마다 먹고 싶은 집밥 리스트를 작성해 공항에서부터 읊어줄 정도예요. 그래서 한식 위주로 저녁상을 차리는 날이면 유독 큰딸 생각이 많이 납니다. 항상 제일 먼저 찾는 게 삼겹살이어서 삼겹살구이와 된장찌개, 통삼겹수육, 대패삼겹살 된장구이 등 다양한 메뉴를 준비하며 딸을 기다립니다. 근래에는 삼겹살쌈을 좋아하는 딸을 위해 색다른 삼겹살 요리를 개발했는데요. 팬에 구울 때보다 편하고 기름도 쫙 빠져서 담백하면서 개운한 요리가 탄생해서 다음 방학에 딸이 오면 해주려고 벼르는 중이죠.

한식과 오븐은 왠지 안 어울릴 것 같지만, 세계 어느 나라 요리보다 손이 많이 가는 한식에서 특히 고기 요리를 오븐으로 만들면 의외로 번거로운 과정이 해결되고 기름기도 쏙 빠져 건강에도 좋답니다. 가스 오븐이 너무 부담스럽다면 전자레인지 겸용 오븐을 이용해 보세요. 한 번 중독되면 아마 헤어 나오기 힘들 거예요.

집밥이 초대 요리로 빛나는 순간

## INGREDIENT
(2인분)

삼겹살(두께 0.3cm 정도) 300g, 깻잎 20장

소스  다진 마늘 1T, 고추장 2T, 알룰로오스 1T, 연두순 1t, 참기름 1/2t, 식용유 1/2t, 생강가루·후춧가루 약간씩

## HOW TO MAKE

1   삼겹살은 실온에 미리 내놓았다가 물기를 닦고 소스 재료를 모두 넣어 약 30분 재운다.
    **TIP** | 양념에 재울 고기는 실온에서 조리해야 물기가 적게 나와서 양념이 잘 밴다.

2   깻잎은 세로로 한 번 잘라 둔다.

3   삼겹살을 길게 놓고 깻잎을 빈틈없이 깔아 돌돌 만다.

4   오븐 팬에 석쇠를 놓고 3을 가지런히 올린 후 180℃로 예열한 오븐에서 약 25분 굽는다.
    **TIP** | 앞뒤로 노릇한 고기가 좋으면 약 15분 후 한 번 뒤집는다.

긴 직사각 또는 타원형 접시에 고기를 가지런히 놓으면 예쁘다.
**TIP** | 오븐에서 익는 동안 양파 1/2개를 채 썰어 소금, 설탕, 식초를 살짝 뿌려 재운 후, 접시에 양파를 깔고 위에 삼겹살말이를 올리면 식감과 궁합이 잘 맞는다.

# 20

## 폰즈소스와
## 소고기채소말이

간단한 조리법인데 고급 애피타이저로!
반짝이는 아이디어가
어우러진 마법의 요리

손님 접대할 일이 많다 보니, 요리는 손님이 도착하기 얼마 전에 시작할지 양은 얼마나 해야 할지 어떤 요리를 조합해야 할지 등 손님 초대 노하우가 쌓여 갑니다. 가장 속상할 때는 모든 걸 계산해서 완벽하게 준비해 상을 다 차려 놓았는데, 손님이 약속 시간보다 많이 늦게 왔을 때입니다. 모든 음식은 막 만든 직후 따끈할 때 먹어야 제맛인데 식어버리면 아무리 맛있는 음식도 맛이 반감될 수밖에 없으니까요. 그래서 이럴 때를 대비해서 서너 가지 메인 요리 중 한 가지는 식어도 맛있는 요리를 꼭 넣습니다. 이런 메뉴를 손님 도착 시간에 맞춰 애피타이저로 내놓고, 다음 음식을 데우거나 준비하기에도 좋습니다.

고기 요리 중에는 식어도 맛있는 메뉴가 많지 않지만, 살짝 데쳐서 채소와 함께 소스로 승부를 내는 요리라면 고기가 들어가도 아주 맛있습니다. 시원한 무와 상큼한 폰즈소스가 어우러진 소고기채소말이는 남녀노소 호불호가 없는 훌륭한 애피타이저가 될 거예요. 가장 좋은 건 손님이 약간 늦게 와도 화가 나지 않는 요리라는 점이죠.

집밥이 초대 요리로 빛나는 순간

## INGREDIENT
(2~3인분)

소고기(샤부샤부용) 200g, 무 50g, 팽이버섯 1팩(150g), 파프리카 1개, 피망 1개, 미림 1T, 된장 1/2T

폰즈소스  간장 8T, 레몬즙 5T, 유자청 1/2T, 미림 1T, 알룰로오스 2T, 식초 1/2T

TIP | 유자청 대신 오렌지잼이나 오렌지주스를 같은 양으로 대체해도 좋다.

## HOW TO MAKE

1  파프리카와 피망은 가늘게 채 썰고, 팽이버섯은 밑동을 잘라 버리고 찢어 놓는다.

2  무는 강판에 곱게 간다.
TIP | 무는 믹서기나 도깨비방망이를 이용하면 쉽게 갈 수 있다.

3  냄비에 물을 끓여 된장, 미림을 풀고 중불에서 고기를 넣어 익자마자 건져 체에 받친다.
TIP | 고기가 마르지 않도록 뚜껑 있는 통에 보관하면 좋다.

4  소스 그릇에 간 무를 소복하게 담고 폰즈소스 재료를 모두 섞은 후 무 가장자리에 부어, 먹기 직전에 무와 섞는다.

5  소고기를 하나 펴서 피망·파프리카·팽이버섯을 가운데 놓고 김밥처럼 만다. 이런 식으로 반복해 여러 개 만든다.
TIP | 손님 초대용으로 낼 때는 이쑤시개를 끼워 두면 집어 먹기 좋다.

긴 직사각 접시에 소고기채소말이를 나란히 놓고, 접시 끝에 소스 그릇을 놓으면 예쁘다.

통오징어파전

삼치갈비구이

단호박 해물떡찜

간장소스 통민어튀김

빙어 꽈리고추버무림

된장소스연어와 채소버터구이

연어회 사과소스냉채

왕가리비 쌈장구이

광어회무침

미나리 새우전

# PART 3

## 미슐랭 레스토랑처럼 폼 나는
## 해물 요리

주로 구이나 조림 등 익숙한 조리법으로 먹어 온
해산물에 나만의 아이디어를 더하니,
미슐랭 레스토랑 부럽지 않은 일품 요리가 탄생합니다.

# 21

## 통오징어파전

그동안 익히 알고 있던
파전의 편견을 깬,
비주얼로 압도하는 파티 메뉴

한국인이라면 비 오는 날 빗소리를 들으면 바삭한 전에 막걸리 한잔하고 싶다는 생각, 다들 해보셨죠? 저는 전 종류 중에서 특히 해산물이 가득 든 파전을 정말 좋아합니다. 하지만 해물파전을 먹을 때마다 오징어를 찾아 헤매곤 하는데 다른 재료에 숨어 있다 보니 찾기가 어렵죠. 오징어인 줄 알고 집었는데 양파일 때가 더 많았던 기억…한 번쯤 있을 겁니다.

몇 년 전, 친한 셰프가 만들어 준 통오징어파전을 먹어보고는 "와! 이거야말로 명품 파전이다!" 싶더라고요. 파를 밀가루보다 더 많이 듬뿍 넣어 전을 부치고 그 위에 오징어를 통째로 구워 올려 비주얼부터 압도하는 고급 파전이 탄생합니다. 전 속에서 오징어를 찾아 헤맬 필요도 없을 겁니다. 파전 한 판에 오징어 한 마리를 올리고 시원한 막걸리 한 병도 준비해 보세요.

집밥이 초대 요리로 빛나는 순간

## INGREDIENT
(2인분)

쪽파 100g, 타피오카 전분 1컵, 물 6T, 달걀 1개, 손질 통오징어 1마리, 오일 스프레이

**양념장** 다진 쪽파 3T, 간장 3T, 식초 1T, 참기름 1T, 설탕 1T, 깻가루 1T, 고춧가루 1T

## HOW TO MAKE

1. 파는 4cm 길이로 썰고, 볼에 타피오카 전분과 물을 넣어 젓다가 달걀을 풀고 파를 섞는다.

2. 팬을 강불로 뜨겁게 달군 후 중불로 낮추고 오일 스프레이를 넉넉히 둘러 1의 반죽을 넓게 올려서 앞뒤로 노릇하게 구워 접시에 담는다.

3. 뜨겁게 달군 팬에 오일 스프레이를 살짝 뿌리고 통오징어를 올려 앞뒤로 노릇하게 굽는다.
   **TIP** | 무쇠 뚜껑처럼 무거운 것으로 눌러 구우면 오징어 모양이 예쁘게 잡힌다.

4. 오징어 몸통을 찢기 쉽게 양끝을 가위로 잘라 파전 위에 올린다.

5. 소스 볼에 준비한 양념장 재료를 모두 섞어 파전과 함께 낸다.
   **TIP** | 양념장은 다진 쪽파와 간장만 먼저 섞어 전자레인지에 1분 돌린 후 나머지 재료를 넣으면 맛도 좋고 보관 기간도 길어진다.

이왕이면 대나무 그릇이나 나무 접시에 담아 1인용 접시와 함께 내면 더욱 정겨운 분위기가 난다.

# 22

## 삼치갈비구이

구이와 조림 요리에서 벗어나
매력적인 스타일로 탄생한
한국식 생선 스테이크

삼치는 가시가 적고 살이 부드러워 호불호가 별로 없는 생선입니다. 고기파 남편과 딸들에겐 고기를 구워주고, 생선파인 저를 위해서는 오븐에 생선을 한 토막씩 구워 먹곤 하는데요, 그땐 삼치만큼 간단한 게 없어요. 굵은 소금을 숭숭 뿌려 소금구이를 해 먹기도 하고, 심심하게 구워 비법 양념장에 찍어 먹기도 합니다. 그런데 가끔은 갈비 양념에 삼치를 2~3시간 푹 재워 오븐에 구운 후 채소무침을 곁들여 먹을 때가 있는데, 생선보다 고기파인 가족들도 이 요리만큼은 부드러운 고기 같다며 좋아해요. 그래서 제법 많은 양을 준비하죠.

청주나 와인 상에 안주로도 그만인 일품요리이고, 식사로 회를 먹은 후에 코스 요리처럼 삼치갈비구이를 밥과 곁들여서 내면 우리 집은 어느새 오마카세 식당이 되어 있을 거예요.

## INGREDIENT
(4인분)

삼치(냉장) 500g, 영양부추 100g, 양파 1/2개, 마늘 10알, 오일 스프레이

**채소소스** 다진 파 1T, 간장 3T, 식초 1T, 올리고당 2t, 레몬즙 1T, 물 3T

**갈비소스** 다진 마늘 1T, 간장 5T, 미림 5T, 올리고당 2T, 레몬즙 1T, 생강가루 1t

## HOW TO MAKE

1. 마늘은 편 썰고 양파와 영양부추는 4cm 길이로 채 썬다.

2. 지퍼락에 삼치, 마늘, 갈비소스를 넣고 섞은 후 냉장고에서 2~3시간 정도 재운다.
   **TIP** | 삼치는 물기를 완전히 닦아서 넣어야 한다.
   지퍼락 대신 위생봉지, 밀폐용기 등 대체 가능하다.

3. 2의 삼치만 오븐 용기에 담고 오일 스프레이를 고루 뿌린 다음 200℃로 예열한 오븐에서 10~15분 굽다가, 삼치를 뒤집어 2의 마늘을 넣은 후 7~8분 더 굽는다.
   **TIP** | 삼치는 겹치지 않게 펼쳐서 넣어야 고루 잘 익는다.

4. 준비한 채소소스 재료를 모두 섞은 후 1의 영양부추와 양파를 버무려 3의 삼치와 함께 낸다.

약간 움푹한 직사각형 또는 타원형 접시에 삼치와 마늘을 담고 작은 그릇에 채소무침을 담아 낸다. 또는 삼치를 담은 접시 한 쪽에 작고 투박한 둥근 접시(나무 또는 검은색)에 채소무침을 담아 함께 내도 분위기 있다.

# 23

# 단호박
# 해물떡찜

K-푸드의 대표 매콤한 떡볶이와
달콤한 단호박이
케이크 같은 비주얼로 만났을 때

초짜 아나운서 시절, 〈맛따라 길따라〉 리포터로 주로 호남 지방에 출장 갈 일이 많았습니다. 동네 백반집만 들어가도 9첩 반상이 나오는 지역이라 맛집 촬영보다 오히려 식사 시간에 동네 밥집 가는 게 더 즐거웠죠. 한번은 반찬으로 단호박 떡찜이 나왔는데, 매콤한 양념이 달콤한 가을 호박과 어우러져 얼마나 맛있었는지 집에서도 자주 따라 만들어 봤어요. 많은 시행착오를 거쳐 나만의 소스와 요리법을 개발했고 이제는 손님상에 단골 메뉴로 내놓곤 하는데요. 특히 늦가을 쿠킹 클래스에서 사랑받는 메뉴랍니다.

오븐에서 꺼내자마자 한 번, 접시째 내놓은 후 칼로 단호박을 잘라 보여줄 때 또 한 번 큰 함성과 박수가 나오는 단호박 해물떡찜을 소개합니다.

118 집밥이 초대 요리로 빛나는 순간

## INGREDIENT
(4인분)

단호박(中) 1개, 애호박 1/3개, 양파 1/2개, 관자 3개, 새우(小) 10마리, 솔방울 오징어 3마리, 떡볶이 떡 100g, 쪽파 3대, 모차렐라치즈 100g, 오일 스프레이

**소스** 고추장 2T, 토마토소스 1/2컵, 올리고당 1T, 청주 1T, 연두순 1/2T

## HOW TO MAKE

1. 애호박과 양파는 깍둑썰기, 쪽파는 송송 썬다.
2. 떡볶이 떡은 반으로 자른다.
3. 단호박을 깨끗이 씻어 꼭지 따서 전자레인지에 7~8분 돌린 후, 윗부분을 넓게 자르고 속을 완전히 파낸다.
4. 냄비에 오일 스프레이를 살짝 뿌리고 양파와 애호박을 약간 볶다가 소스 재료를 넣고 중불에 끓인다.
5. 소스가 끓으면 떡을 넣고, 익으면 관자, 새우, 솔방울 오징어를 넣어 약 1분 볶은 후 불을 끈다.
6. 3의 단호박에 5를 반쯤 채우고 모차렐라치즈 1/3, 5의 나머지 재료, 남은 모차렐라치즈를 순서대로 채워 200℃로 예열한 오븐에서 약 15분 익힌다.
7. 오븐에서 꺼내자마자 1의 쪽파를 뿌린다.

크고 움푹한 원형 접시에 호박을 칼로 잘라서 꽃처럼 펼치고 흘러내린 떡과 해물을 가운데에 푸짐하게 쌓아서 올린다. 취향에 따라 치즈를 더 뿌리고 전자레인지에 30초 돌려도 좋다.

# 24

## 간장소스 통민어튀김

유명 한식당의 시그니처 메뉴로 봐도
손색없는 웅장하고 화려한
손님 대접 요리

우리 집의 가장 큰 벽에는 커다란 물고기 그림이 걸려 있습니다. 대학에서 미술을 전공하는 큰딸이 입시생 시절 그렸는데, 언뜻 보면 물고기인 줄 아무도 모르지만 자세히 들여다보면 수천 배 확대된 물고기 비늘을 찾을 수 있지요. 저는 딸의 창의력에 감동해 어떻게 이런 아이디어가 나왔냐고 물었더니, 제가 만들어 준 통민어 요리가 모티브였다고 하더군요. 그만큼 우리 집 식탁에는 생선이 통째로 올라오는 요리가 많답니다. 제가 생선을 좋아해서이기도 하고, 옹기종기 모여 큰 생선 한 마리를 나누어 먹는 게 진짜 식구 같다는 생각이 어린 시절부터 강하게 자리 잡아서인 것 같기도 합니다. 예전에는 비싸고 귀한 생선이던 민어가 요즘은 냉동 제품으로 너무 훌륭하게 나오는지라, 냉동실엔 늘 통민어가 있답니다. 이걸로 찌개, 조림은 물론이고 광둥식 생선찜, 태국 생선찜 등 세계 요리와 오늘 소개할 매콤달콤 간장소스의 민어튀김을 만들어 저녁상에도 종종 올립니다. 통째로 만든 생선 요리는 식탁에 오르는 순간부터 보는 사람들을 행복하게 만들어 주는 것 같아 만들면서도 기분이 좋아집니다.

## INGREDIENT
(4인분)

통민어 1마리(800g~1kg), 팽이버섯 2팩, 쪽파 3대, 홍고추 1개, 감자 전분 2T, 식용유 1컵, 생강가루 1t, 마늘가루 2t

**소스** 향신장 3T, 피시소스 1T, 알룰로오스 2T, 물 4T, 고춧가루 1T
**TIP** | 향신장 대신 간장을, 피시소스 대신 액젓을 같은 양으로 대체해도 좋다.

## HOW TO MAKE

1. 민어는 꼬리와 지느러미를 잘라낸 후 몸통에 칼집을 내고 키친타월로 물기를 닦는다.

2. 1의 민어에 생강가루, 마늘가루를 앞뒤로 솔솔 뿌린 후 10분 이상 두었다가 감자 전분을 앞뒤로 화장하듯 펴 바른다.

3. 쪽파와 홍고추는 송송 썰고 팽이버섯은 밑동만 자른다.

4. 열전도율이 높은 팬에 식용유를 두르고 팬을 달군 후 통민어를 넣어 뚜껑 덮고 중불로 앞뒤 각 5분 정도 튀기다가, 뚜껑 열고 중강불로 노릇해질 때까지 앞뒤 각 3분 튀긴다.
   **TIP** | 민어 크기에 따라 시간은 조절한다.

5. 민어를 익히는 동안, 다른 팬에 소스 재료를 넣고 중불로 팔팔 끓여 3의 쪽파와 홍고추 2/3분량, 팽이버섯을 넣고 서로 섞이지 않게 저어가며 조리다가 불을 끈다.

6. 4의 민어를 접시에 담고 그 위에 5의 팽이버섯·쪽파·홍고추를 올리고 나머지 쪽파와 홍고추를 위에 올린 다음 소스를 골고루 붓는다.

크고 폭이 좁으며 움푹한 타원형 접시에 생선을 꽉 차게 담고, 국물을 자작하게 부으면 먹음직스럽다.

**25**

# 빙어
# 꽈리고추버무림

전통주에서부터 와인까지
주종을 가리지 않고 어느 자리에나
어울리는 고급 안주

제가 이자카야에서 가장 좋아하는 안주 중 하나가 생선구이인데요. 그중에서도 뼈째 먹어도 부드럽고 알이 가득 찬 열빙어구이를 특히 좋아합니다. 얼마 전, 안주가 맛있다고 소문난 와인 바에 친구들과 함께 갔는데요. 빙어구이와 꽈리고추를 튀겨 발사믹식초를 베이스로 한 소스를 뿌린 메뉴가 인상적이었습니다. 일단 색다른 비주얼에 반했고, 부드러운 생선 살과 꽈리고추의 궁합이 환상적이어서 꼭 한번 밥반찬으로 만들어 봐야겠다고 다짐했답니다.

실제로 열빙어를 바삭하게 굽고 꽈리고추를 아삭하게 볶아서 특제 간장소스에 함께 버무려 보니 밥반찬으로 그만이더라고요. 우리나라에선 열빙어를 냉동으로 파니까 냉동실에 비상식량처럼 준비해 두었다가, 자투리 채소들을 아삭하게 볶아서 소스와 버무려서 먹어보세요. 순식간에 일품요리가 탄생합니다. 오메가3가 풍부한 열빙어와 비타민C가 가득한 꽈리고추의 만남, 기대해도 좋을 거예요.

집밥이 초대 요리로 빛나는 순간

## INGREDIENT
(4인분)

열빙어 10마리, 밀가루 1T, 꽈리고추 150g, 양파 1/2개, 오일 스프레이

소스 쪽파 1대, 홍고추 1개, 맛간장 2T, 피시소스 1T, 알룰로오스 1.5T, 식초 1T, 고춧가루 1T

**TIP** | 맛간장 대신 진간장으로 대체해도 좋다.
쪽파와 홍고추는 다진 제품으로 구매하면 편하다.

## HOW TO MAKE

1  열빙어는 해동해서 물기를 키친타월로 닦고 밀가루를 살짝 입힌다.

   **TIP** | 냉동 열빙어는 완전히 해동해서 지느러미를 손질해 물기를 제거해야 밀가루가 잘 묻는다.
   뚜껑 있는 용기에 열빙어와 밀가루를 담아 뚜껑을 닫고 살살 흔들면 밀가루가 고루 묻는다.

2  꽈리고추는 꼭지를 따서 물기를 닦아내고, 양파는 가늘게 채 썬다.

3  팬을 예열한 후 오일 스프레이를 뿌리고 2의 꽈리고추와 양파를 넣어 중강불에 살짝 볶아 접시에 담는다.

4  쪽파와 홍고추는 다진 후 나머지 소스 재료와 섞어 3의 채소와 버무린다.

5  3의 팬에 오일 스프레이를 넉넉히 뿌리고 중불로 1의 열빙어를 앞뒤로 노릇하게 굽는다.

그릇 가운데에 열빙어를 넓게 펴서 놓고, 이 위에 볶은 채소를 쌓는다. 소스가 남으면 빙어에 뿌린다.

# 26

## 된장소스연어와 채소버터구이

미소 생선구이보다 깊고 진한
우리 된장의 매력이
돋보이는 연어 스테이크

생선 중에 요리하기 가장 쉬운 것은 연어가 아닐까요? 생연어를 그대로 먹거나 소금구이해도 맛있지만, 발사믹, 머스터드, 마요네즈 등 서양 소스를 곁들이면 오븐 요리나 고급 샌드위치 재료로도 훌륭해요. 스테이크로 구워 데리야키소스를 곁들여 먹어도 맛있고, 솥밥 지어서 양념장 넣고 쓱쓱 비벼 먹거나 다져서 김밥이나 주먹밥에 넣어도 그만입니다. 연어로 만들 수 있는 요리를 나열하자면 끝이 없을 정도지요. 그래서 우리 집 냉장고와 냉동고에는 늘 연어가 준비돼 있는데요. 꺼내면서도 항상 고민해요. 오늘은 어떤 소스를 써서 어느 나라 요리를 해 먹을까 하고 말이죠. 미국 시애틀이 고향인 남편은 알래스카가 가까운 덕에 늘 가장 싱싱하고 맛있는 연어를 먹으며 자랐습니다. 그래서 연어 요리만큼은 만족 기준이 꽤 까다로운 편인데, 된장이나 고추장 베이스 한식 양념을 연어 위에 올려 채소와 곁들여 주면 색다르고 맛있다며 '엄지척'을 올려줍니다. 요리하는 사람에게 효자 생선인 연어. 오늘은 된장소스를 곁들여 채소버터구이와 함께 저녁 반찬으로 만들어 보세요. 호불호가 없는 요리라 밥반찬으로 자주 해 먹게 될 거예요.

## INGREDIENT
(2인분)

연어 200g, 당근 1/2개, 영양부추 100g, 버터 1T, 오일 스프레이, 소금·후춧가루 약간씩

소스 된장 4T, 맛술 6T, 연두순 1T, 알룰로오스 2T, 생강가루 1t

## HOW TO MAKE

1. 당근은 가늘게 채 썰고 부추는 4cm 길이로 썬다.
2. 연어는 앞뒤에 소금·후춧가루·오일 스프레이를 살짝 뿌려 약 10분 재운다.
3. 커다란 팬을 예열한 후 오일 스프레이를 뿌려 중강불에서 연어 한쪽 면을 2~3분 노릇하게 굽는다.
4. 연어는 뒤집고, 연어 옆에 버터를 녹여 그 위에 당근과 부추를 넣고 뚜껑을 덮어 약불에 약 2분 더 익힌다.
5. 4의 연어와 채소를 모두 꺼내 잠시 대기해 두고, 팬에 소스 재료를 넣어 약불로 끓이다가 연어를 넣어 노릇하지 않은 면을 이리저리 움직여 소스가 배도록 구운 후 연어를 먼저 꺼내고 소스를 진득하게 조린다.

넓은 접시 또는 타원형 접시 가운데에 타원 모양으로 소스를 넓게 깔고, 가운데 연어, 그 위에 부추와 당근을 반씩 올린다. 검은 통깨가 있으면 이 위에 뿌려도 예쁘다.

# 27

## 연어회 사과소스냉채

고소한 연어, 달콤한 사과,
매콤한 소스가 완벽히 조화로운
다국적 식재료의 만남

요즘엔 동네 작은 슈퍼에서도 연어회를 팝니다. 연어가 한국인들에게 그만큼 익숙해지고 무난한 생선이라는 증거겠죠. 물론 연어회를 그대로 와사비 간장이나 초고추장에 찍어 먹거나, 갓 지은 밥에 올려 간장만 뿌려 먹어도 맛있지만, 연어와 궁합이 최고인 사과를 곁들여 상큼한 소스를 뿌려 먹으면 굉장히 고급스러운 애피타이저가 됩니다.

서양에서는 신선한 과일 자체가 샐러드의 좋은 메인 재료가 되곤 하는데, 한식에서는 거의 후식으로 먹다 보니 핵가족이나 싱글은 과일을 사 먹기 부담스러워 합니다. 하지만 사과, 배, 귤 같은 익숙한 우리 과일에 소스를 곁들이면 다양하게 활용할 수 있어요. 음식에 과일을 넣으면 단맛 내는 감미료를 거의 안 써도 천연 식초와 설탕 역할을 훌륭하게 하는 걸 알게 될 거예요. 매콤 새콤 달콤하고 아삭한 식감이 입맛 살리는 연어회 사과소스냉채, 자주 만들어 드시길 권합니다. 밥 없이 그냥 먹기에도 좋아 다이어트식으로도 그만입니다.

집밥이 초대 요리로 빛나는 순간

## INGREDIENT
(2인분)

연어회 200g, 사과 1/2개, 다진 고수 취향껏

<u>소스</u>  연두순 1T, 식초 1t, 레몬즙 1T, 알룰로오스 1T, 고운 고춧가루 1T

**TIP** | 고수 대신 쪽파로 대체해도 좋다.

## HOW TO MAKE

1  연어회는 0.5cm 두께로 썰고, 사과는 껍질을 벗겨 채 썬다.

2  접시에 연어를 가지런히 놓고, 위에 채 썬 사과를 골고루 놓는다.

3  준비한 소스 재료를 모두 섞어서 연어와 사과 위에 고루 뿌린 다음 다진 고수를 올린다.

납작한 정사각이나 넓은 원형 접시 가운데에 연어를 접시 모양 따라 가지런히 담는다.

# 28

## 왕가리비
## 쌈장구이

K-소스 신흥 강자 '쌈장'의
깊고 풍부한 맛이 가미된,
그라탕보다 맛있는 조개 요리

해산물 마니아인 저는 다양한 해산물 가운데서도 특히 조개를 좋아합니다. 하지만 조개는 손질도 까다롭고 손질하고 나면 양도 너무 줄어들어 집에서는 주로 감칠맛이 필요한 찌개나 칼국수, 스파게티 등에 육수로 사용합니다. 그래서 혼밥할 때 그 계절 가장 싱싱한 조개를 한 봉지 주문해 시원한 조개탕을 끓여 먹는 경우가 가장 많죠. 그런데 가끔은 조개로 근사한 요리를 해보고 싶을 때가 있습니다. 그럴 때 가장 적합한 조개가 바로 왕가리비입니다. 사람 손바닥만 한 왕가리비는 한 개만 까도 조갯살도 꽤 묵직해서 1인 조개 한 개씩 먹는 일품요리가 가능하답니다. 게다가 요즘은 산지에서 당일 배송되는 싱싱한 왕가리비 10마리를 2만 원 미만에 손쉽게 받아볼 수 있습니다. 조개가 맛있는 계절이면 30분 안에 해 먹을 수 있는 우리 집 특별식, 왕가리비 쌈장구이를 소개합니다. 비주얼이 근사해서 손님상에도 어울리고 소주나 화이트와인 안주로도 잘 어울려 주안상에 올리기에도 그만이랍니다.

138 집밥이 초대 요리로 빛나는 순간

## INGREDIENT
(2~3인분)

왕가리비 3개, 쪽파 3개, 홍고추 1개, 양파 1/2개, 모차렐라치즈 1컵

**TIP** | 왕가리비 대신 키조개로 대체해도 좋다.

**소스**  된장 1T, 고추장 1t, 마요네즈 1t, 다진 청양고추 1t, 미림 1T, 참기름 1t, 깻가루 1t

**TIP** | 다진 청양고추 대신 연두 청양초를 같은 양으로 대체해도 좋다.

## HOW TO MAKE

1. 왕가리비는 껍데기를 떼고 내장은 제거한 다음 조갯살을 2cm 크기로 썬다. 껍데기는 씻어서 준비해 둔다.

2. 홍고추·쪽파·양파는 다진다.

3. 볼에 1과 2, 소스 재료를 넣고 잘 섞어서 왕가리비 껍데기 3개에 나눠 담고 모차렐라치즈를 올린다.

4. 3을 오븐용 팬에 담아 180℃로 예열한 오븐에서 약 10분 굽고 최대 온도로 올려 2~3분 더 굽는다.

왕가리비가 담길 만한 큰 직사각 또는 타원형 접시에 나란히 담아내는 것이 가장 예쁘다.

# 29

## 광어회무침

이탈리아의 카르파초 부럽지 않게
입맛을 돋우는
매콤 새콤한 애피타이저

우리 가족은 모두 회를 좋아해서 광어회, 도미회, 우럭회 등을 새벽 배송으로 주문해 집에서도 자주 먹습니다. 그런데 배달용 회는 대부분 숙성한 상태다 보니 활어회보다 쫄깃함은 살짝 떨어지죠. 그래도 숙성 회로 잘만 요리하면 활어회 안 부러운 요리들이 많습니다. 저는 배달 숙성 회에 어울리는 채소를 곁들여 카르파치오나 세비체, 각종 회무침을 자주 만들어 먹는데요. 잘 숙성된 생선 살이 새콤달콤한 소스와 만나는 순간 쫄깃함과 풍미가 되살아나 더 맛있어지기도 하고, 플레이팅을 어떻게 하느냐에 따라 훌륭한 손님상 일품요리로 탄생하기도 합니다. 오늘은 남녀노소에게 호불호가 별로 없는 숙성 광어회로 만든 회무침을 소개합니다. 미나리 중에 가장 맛있기로 유명한 청도 미나리와 배를 곁들여 소스에 버무리면, 입맛을 돋우는 애피타이저로 최고의 요리가 된답니다.

## INGREDIENT
(2인분)

숙성 광어회 200g, 배 1/4개, 청도 미나리 100g, 양파 1/2개, 깻가루 취향껏

소스 고추장 1/2T, 현미흑초 원액 1.5T, 피시소스 2T, 알룰로오스 1.5T, 참기름 1/2T, 고춧가루 1T

TIP | 현미흑초 원액 대신 식초를, 피시소스 대신 연두순을 같은 양으로 대체해도 좋다.

## HOW TO MAKE

1 배, 양파는 얇게 채 썰고, 미나리는 3cm 길이로 자른다.

2 광어회는 반으로 자른다.

3 소스 재료를 잘 섞은 후 양파만 넣어 약 10분 숙성한다.

4 모든 재료와 3의 소스를 살살 버무린 후 접시에 담고 깻가루를 뿌린다.

발이 있는 둥근 접시에 산처럼 쌓듯이 담으면 예쁘다.

그릇 협찬 : 채율 청자 라인

30

# 미나리 새우전

초록 색감에서 계절을 느끼고
아삭한 식감에서 자연을 느끼는
한국식 피자

제 친정아버지는 생신이 음력 1월 12일인데, 나이가 드실수록 고급 레스토랑에 모시고 가는 것보다 딸이 차려 주는 생신상을 제일 좋아하십니다. 매주 일요일 친정 식구가 우리 집에 모여 함께 식사하기는 하지만, 생신상은 더 특별한 요리를 올리기 위해 재료에 신경을 씁니다. 음력 1월 12일이면 보통 양력 2월 말이라 초록을 뽐내는 봄 식재료들이 맛있어지기 시작하지요. 그래서 연초록 채소들을 이용해 식탁에서 봄을 느낄 수 있는 요리를 꼭 준비합니다. 올해 생일상에는 연한 청도 미나리를 다져서 부침개를 부쳤는데, 부침가루를 적게 써서 초록 미나리가 가득한 아삭한 샐러드 같은 전이었습니다. 둥근 초록 전 위에 분홍 새우살이 푸짐하게 앉아 있는 비주얼은 보기만 해도 싱그러움이 밀려옵니다. 모든 전은 맛있지만 열량이 높아 좀 부담스러운데 미나리 새우전은 탄수화물과 기름을 최소화한 건강한 봄나물 같은 전이라 먹으면서도 기분이 좋아집니다.

146 집밥이 초대 요리로 빛나는 순간

## INGREDIENT
(2인분)

청도 미나리 200g, 부침가루 6T, 달걀 2개, 냉동 새우살(中) 16~20마리

**양념장**  다진 쪽파 3대, 고춧가루 1T, 간장 3T, 알룰로오스 1T, 식초 1T, 참기름 1T, 깻가루 1T

## HOW TO MAKE

1  청도 미나리는 물기를 제거하고 1cm 크기로 다져서 부침가루와 섞어 놓는다.

2  달걀은 풀어서 팬에 올리기 직전에 1과 섞는다.
   **TIP** | 달걀은 부치기 직전에 넣어야 전이 더 바삭하게 된다.

3  냉동 새우살은 해동해서 물기를 뺀 다음 모양을 살려 편으로 자른다.

4  식초, 참기름을 제외한 양념장 재료를 섞어서 전자레인지에 1분 돌린 후 식초와 참기름을 섞는다.

5  팬을 중강불로 예열한 후 오일 스프레이를 넉넉히 뿌려 2의 반죽을 넓게 올리고, 한 면에만 새우를 겹치지 않게 올린다.
   **TIP** | 부침개 모양을 잡는 게 어려우면 부침개 크기의 작은 팬을 이용하면 쉽다.

6  한 면이 완전히 익으면 뒤집어서 새우가 노릇하게 익었을 때 접시에 담는다.
   **TIP** | 새우가 떨어지면 달걀물을 살짝 묻혀 붙이면 된다.

넓은 원형 또는 타원형 그릇에 두 장 정도 겹치지 않게 담고 양념장과 함께 낸다. 사람 수대로 피자처럼 잘라서 내면 먹기 편하다.

광어 고사리솥밥

느타리 삼겹살솥밥

명란젓덮밥

쪽파 마늘 달걀밥

굴조림덮밥

창란젓 오이김밥

바지락솥밥

문어솥밥

전복장볶음밥

금태 감태쌈밥

# PART 4

## 리조토보다 맛있는
## 밥 요리

한식 집밥의 메인은 뭐니 뭐니 해도 '밥'이지요.
흔히 해 먹는 솥밥, 덮밥, 볶음밥도
재료와 소스를 색다르게 조합하면 고급스러운
초대 요리로 거듭납니다.

그릇 협찬: 채율 옻칠 도자 항아리

## 31

# 광어
# 고사리솥밥

귀한 손님 대접받듯 정성스런 플레이팅과
입안에 퍼지는 고급스러운 맛까지,
정갈한 한식의 품격

광어는 평소 즐겨 먹는 생선인데요. 넙치과에 속하며 양식이 쉬워 일 년 내내 저렴하고 싱싱하게 즐길 수 있고, 지방보다 단백질 함량이 높아 건강에도 좋고 맛도 담백합니다. 특히 광어는 겨울에 쫄깃함과 부드러움이 극대화되어 회로 먹을 때가 가장 맛있습니다. 그래서일까요. 광어는 회 이외에는 먹어본 요리가 많지 않았어요. 어느 해 겨울, 친한 언니가 선물로 받은 엄청나게 큰 자연산 광어 한 마리를 포 떠서 어마어마한 양을 보내왔습니다. 한꺼번에 회로 다 먹기에는 역부족일 정도로 많아서 남은 광어회에 생고사리를 넣어 솥밥을 지어 먹어봤습니다. 아, 그런데 이게 별미였어요. 익으면 다소 퍽퍽한 광어의 식감이 의외로 쌀밥과 부드러운 고사리에는 참 잘 어울리더라고요.

평소에도 저는 솥 하나에 다양한 맛과 영양을 담아 먹을 수 있는 솥밥을 즐기는 편이에요. 계절마다 솥밥에 잘 어울리는 제철 고기, 생선, 채소를 찾아보는 것도 참 재미있습니다. 한때 솥밥만 다룬 요리책이 쏟아져 나올 정도로 인기를 끈 것만 봐도 한국인의 솥밥 사랑은 앞으로도 계속될 것 같습니다.

## INGREDIENT
(4인분)

광어 200g, 쪽파 4대, 생고사리(냉동) 200g, 쌀 2컵, 물 2컵, 코인 육수 1개, 오일 스프레이

**절임 소스** 간장 4T, 미림 4T, 알룰로오스 1T, 생강가루 1t

## HOW TO MAKE

1. 냉동 고사리는 해동 후 물기를 짜서 2cm 길이로 자르고, 쪽파는 송송 썰고 광어는 4등분한다.

2. 준비한 절임 소스 재료를 모두 섞어서 광어에 고루 붓고, 뒤집어가며 최소 30분 이상 절인다.
   **TIP** | 위생봉지 또는 지퍼락에 소스와 광어를 넣어 두어도 편리하다.

3. 팬을 중강불로 예열한 다음 오일 스프레이를 뿌리고, 광어를 껍질 쪽은 노릇하게 살쪽은 살짝 굽는다.

4. 솥밥용 냄비에 물과 쌀을 담고 뚜껑 덮어 중강불로 익히다 밥이 끓으면 코인 육수를 넣고 휘젓는다.
   **TIP** | 무쇠 솥 또는 열전도율 높은 냄비가 좋다.

5. 4에 1의 고사리를 올리고, 그 위에 광어를 껍질 쪽이 위를 향하도록 얹는다.

6. 냄비 뚜껑을 덮고 약불에 약 25분 익힌 후 불을 끄고 약 5분 더 뜸 들인다.

냄비째로 상에 올린 다음, 생선살을 으깨 고사리와 밥에 잘 섞어 1인분씩 서빙한다.

그릇 협찬 : 채율 율잔, 채율 오동나무 꽃 트레이

## 32

# 느타리
# 삼겹살솥밥

부드러운 느타리와 쫄깃한 삼겹살의
조합으로 상상 이상의 맛을 선사하는
영양 만점 밥요리

느타리버섯을 손질하다 보면 색깔이나 찢어지는 형태가 꼭 고기 같다는 생각이 듭니다. 아마 그래서 스님들이 고기 대신 즐겨 먹는 식재료가 됐나 봅니다. 느타리버섯은 씹는 맛도 부드러운 고기 같아서 좀 더 질긴 고기, 아삭한 채소와 함께 밥을 지으면 느타리가 징검다리 역할을 해줘서 식감이 일품입니다. 저는 느타리버섯을 한 번에 많이 사서 살짝 데쳐놓고, 일주일 정도는 무침과 볶음, 솥밥 등에 알뜰하게 사용합니다. 느타리버섯에는 특히 대장 내 콜레스테롤과 지방의 흡수를 막는 효능이 있다고 하니 삼겹살과 함께 먹으면 안성맞춤이겠죠?

남편과 딸들이 어린이 입맛이라 평소에 버섯을 잘 안 먹는데 느타리버섯에 김치와 삼겹살을 버무려서 솥밥을 해주면 버섯이 있는 줄도 모르고 싹 해치운답니다. 변변한 반찬이 없고 만사가 귀찮을 때 근사한 한 끼가 되는 우리 집 특제, 느타리 삼겹살솥밥을 소개합니다.

## INGREDIENT
(4인분)

느타리버섯 80g, 삼겹살 200g, 신김치 1/4포기, 쌀 1.5컵, 물 1.5컵, 진간장 1T, 미림 1t, 참기름 1/2T, 알룰로오스 1/2T, 후춧가루 1t, 깻가루 취향껏

**TIP** | 깨소금은 깨그라인더에 통깨와 소금을 넣어서 사용하면 편하다.

## HOW TO MAKE

1. 느타리버섯은 결대로 찢어서 간장과 참기름을 넣어 버무린다.
2. 신김치는 속을 털어 채 썬다.
3. 삼겹살은 잘게 썰어 미림, 후춧가루를 넣어 버무린다.
4. 팬을 중강불에 예열한 다음 삼겹살을 넣어 볶다가, 겉이 익으면 신김치와 알룰로오스를 넣고 3~4분 볶는다.
5. 마지막에 느타리버섯을 넣고 2~3분 더 볶는다.
6. 솥에 쌀과 물을 넣어 중강불 약 5분, 중약불 약 20분 동안 밥을 짓다가 5를 넣어 밥과 고루 섞고 뚜껑 덮어 약불에 7~8분 뜸 들인다. 밥이 완성되면 깻가루를 뿌린다.

솥째 상에 올린 다음, 뚜껑을 열고 주걱으로 재료를 골고루 섞어 깻가루나 김가루 등 원하는 고명을 취향껏 올린다.

## 33

# 명란젓덮밥

**10분 안에 만드는 초간단 요리지만
입맛을 사로잡는
사계절 만능 요리**

바쁜 한 주를 보내고 맞이한 토요일 오전. 늦잠 자고 일어나 냉장고를 열었을 때 냉장실이 텅텅 비어 있어 난감한 적 있으셨나요? 저는 그럴 때면 냉동실을 열어 명란젓과 얼린 아보카도를 꺼낸답니다. 물론 잘 익은 아보카도가 있으면 금상첨화지만, 냉동 아보카도도 충분합니다. 갓 지은 따끈한 흰밥만 있으면 정말 간단하게 근사한 한식 브런치, 명란젓덮밥이 완성되죠.

어린 시절, 주중에는 엄청 바쁘셨던 아버지는 주말이 돼서야 가족과 함께 식사할 수 있었어요. 그때마다 어머니는 냉동실에 아껴 두었던 명란젓을 꺼내 녹여서 쪽파를 솔솔 뿌리고 참기름을 둘러 반찬으로 올리거나 명란젓을 풀어 달걀말이 달걀찜 등을 만들어 주셨죠. 그때 기억 때문인지 명란젓은 그 한 가지만으로도 밥상이 꽉 차고 충분하다는 느낌이 듭니다. 저도 결혼하고부터는 언제나 냉동고에 저염 명란젓과 아보카도를 준비해 두고 있답니다. 냉동실에 상비군이 꽉꽉 차 있으면 마음이 든든하고 집밥도 두렵지 않거든요. 10분 만에 완성하지만, 맛은 깊고 풍요로운 명란젓덮밥. 이번 주말에 꼭 한번 만들어 보세요.

## INGREDIENT
(2~3인분)

명란젓 4개, 아보카도(잘 익은 것) 1개, 쪽파 2대, 참기름 1T, 오일 스프레이, 깻가루 취향껏

## HOW TO MAKE

1. 팬을 중불로 예열해 오일 스프레이를 뿌리고 약불에 명란을 통으로 굴려 가며 익힌다.
   **TIP** | 명란젓 가운데 부분은 살짝 덜 익히는 것이 부드럽고 더 맛있다.

2. 불을 끈 후 쪽파를 송송 썰어 팬의 잔열에 살짝 익힌다.

3. 1의 명란은 1cm 두께로, 아보카도는 세로로 반 잘라 0.5cm 두께로 자른다.

4. 접시에 밥을 넓게 펼쳐 담은 다음 가운데에 명란젓과 아보카도를 번갈아 놓고 2의 쪽파·참기름·깻가루를 뿌린다.

둥글고 움푹한 흰 접시가 좋고, 가운데 반숙 달걀 또는 달걀프라이를 올려도 예쁘다. 김을 가위로 실처럼 잘라서 올려도 좋다.

그릇 협찬 : 채율 새싹 삼베 트레이(소)

## 34

# 쪽파
# 마늘 달걀밥

세상 가장 흔한 재료로 후다닥 만들어
든든하게 한 끼 뚝딱 해결하는
초간단 밥 요리

요리를 즐겨하고 사람을 좋아하다 보니 우리 집엔 손님 방문이 잦아요. 부부 동반 저녁 모임에서 와인이나 반주를 곁들여 먹으면서 이야기꽃을 피우다 보면, 느지막이 탄수화물이 당긴다고 할 때가 있는데요. 그럴 때 10분 안에 뚝딱 만들어 상에 내는 메뉴 중 하나가 마늘 달걀밥입니다. 냉장고에 늘 있는 재료로 간단하게 볶아낸 것이지만 늦은 밤 출출한 허기를 달래는 데 제격입니다. 매콤한 맛을 즐긴다면 청양고추나 매운 시즈닝 가루를 마지막에 더하면 됩니다.

아끼는 아나운서 후배 부부들과 꽤 오랫동안 모임을 하고 있는데요, 제가 가장 연장자이거나 선임자인 경우가 대부분입니다. 후배들이 결혼할 사람이라고 소개한 짝꿍과 가정을 이루고 출산하고 육아하면서 고민을 나누는 모습을 바라보노라면, 뭔가 흐뭇하면서 정성스러운 집밥을 해줄 수밖에 없답니다. 그래서 장모가 사위 맞는 기분으로 늘 푸짐하게 식탁을 차리게 돼요. 가끔은 주요리보다 더 사랑받는 쪽파 마늘 달걀볶음밥, 비법을 알려드릴게요.

164　집밥이 초대 요리로 빛나는 순간

## INGREDIENT
(2~3인분)

밥 2그릇, 쪽파 4대, 마늘 10알, 달걀 3개, 식용유 1T, 맛술 1T, 참기름 1/2T, 소금·후춧가루 1t씩, 깻가루 취향껏

## HOW TO MAKE

1  쪽파는 송송, 마늘은 편 썬다.

2  달걀은 깨서 맛술을 넣고 거품기로 곱게 푼다.

3  팬을 중강불로 예열해 오일 스프레이를 뿌리고, 달걀물을 부어 80%만 익을 정도로 볶아 접시에 담아 둔다.

4  3의 팬에 식용유를 두르고 마늘을 노릇하게 볶다가 쪽파를 넣어 함께 볶는다.

5  파향이 올라오면 4에 밥을 넣고 볶다가 소금, 후춧가루로 간 하고 불을 끈다.

6  볶음밥에 3의 달걀과 참기름을 넣고 고루 섞어 깻가루를 뿌린다.

움푹한 원형 그릇에 볶음밥을 소복하게 쌓은 후 깻가루를 뿌려 상에 내고, 1인용 접시를 함께 서빙한다.

# 굴조림덮밥

진한 조림장을 머금은 굴과
따뜻한 흰밥의 컬래버가 일품인
겨울철 별미

미국 시애틀에서 태어난 남편 덕에, 저는 20년 넘는 결혼 생활 동안 1년에 한 번 이상은 시애틀을 방문합니다. 시애틀은 알래스카와 아주 가까운 곳이라 킹크랩이나 킹새우를 비롯한 해산물의 엄청난 창고죠. 시댁에 갈 때마다 해산물을 좋아하는 저를 위해 게, 새우, 생선, 굴 등을 아낌없이 대접해 주셔서 저는 너무 행복합니다. 그런데 아이러니하게도 남편 알렉스는 해산물을 별로 안 좋아합니다. 게나 새우는 먹기 번거로워서, 생선은 가시가 있어서, 굴은 흐물거리는 식감이 싫어서 어릴 때부터 안 먹었다고 해요. 특히 굴은 결혼할 때까지 한 번도 안 먹어봤다기에, 생굴을 먹기 힘들면 맛있게 요리할 테니 한번 먹어보라고 했죠. 제철에 싱싱한 굴을 사서 굴튀김, 굴전, 굴조림 등을 부지런히 만들어 주었는데요. 처음에는 제 성의를 생각해서 1~2개 먹고 말았던 사람이, 지금은 찬 바람이 불면 굴 요리를 해달라고 조를 정도가 됐답니다. 그중에서도 굴을 특제 양념에 맛있게 조려서 갓 지은 밥에 올려 쪽파를 솔솔 뿌려내는 굴조림덮밥은 남편의 최애 굴 요리예요. 여러분도 올겨울에는 겉바속촉 굴과 밥의 환상적인 조화를 만끽해 보길 바랍니다.

PART 4. 리조토보다 맛있는 밥 요리

168 집밥이 초대 요리로 빛나는 순간

## INGREDIENT
(2-3인분)

굴 1봉지(200g), 밥 2공기, 쪽파 2대, 버터 1/2T, 오일 스프레이, 소금물(물 500g + 소금 1T), 녹말가루 1.5T, 깻가루 취향껏

**조림장** 맛간장 3T, 맛술 1T, 알룰로오스 1T, 마늘가루 1t, 생강가루 1/2T

**TIP** | 맛간장 대신 진간장을 같은 양으로 대체해도 무방하다.

## HOW TO MAKE

1. 굴은 소금물에 살살 흔들어 씻어 체에 밭쳐 물기를 뺀 다음, 키친타월로 한 번 더 물기를 닦는다.

2. 쪽파는 송송 썬다.

3. 위생봉지 또는 뚜껑 있는 용기에 굴과 녹말가루를 한데 넣고 살살 흔들어서 녹말옷을 입힌다.

4. 팬을 중강불로 예열한 후 중불에 오일 스프레이를 뿌리고 버터를 녹여 굴을 노릇하게 굽는다.

5. 조림장 재료를 모두 섞어서 4에 부은 후 굴을 굴려 가며 진득할 때까지 조린다.

6. 밥을 그릇에 소복하게 푸고 위에 굴을 겹치지 않게 올리고 2의 쪽파와 깻가루를 고루 뿌린다.

긴 타원형 그릇에 밥을 넓게 펴 담고 가운데 굴을 가지런히 올린 다음, 전체적으로 쪽파와 깻가루를 뿌려 1인용 접시와 함께 낸다.

## 36

# 창란젓
# 오이김밥

오이의 상큼함, 젓갈의 감칠맛이
밥과 어우러져 아삭하고 쫄깃한 맛으로
마무리되는 일품 김밥

저는 남에게는 한 상 가득 차려서 대접하기 좋아하지만, 혼자 식사할 때는 갓 지은 뜨거운 밥에 젓갈을 얹어 김이나 감태에 싸 먹는 걸 좋아합니다. 상 차리기가 귀찮다기보다는 진심으로 젓갈 반찬을 좋아하기 때문이죠. '혼밥도 진심이어야 한다'고 생각하기 때문에 좋아하는 재료들을 늘 냉장고에 준비해 둡니다. 젓갈 중에서도 특히 창란젓을 좋아하는데 다른 식구들은 창란젓을 잘 안 먹어요. 냉장고를 정리하다가 창란젓이 많이 남았다 싶을 때는 오이를 1개 꺼내 채 썰거나 통째로 김밥을 말지요. 쫄깃한 창란젓과 상큼한 오이가 김밥 안에서 만나면 씹을 때 정말 기분이 좋아집니다.

젓갈은 짭짤하니까 오래 보관해도 돼서 많이 사두면 또 더디게 줄어드는 반찬이에요. 각종 젓갈을 김밥이나 주먹밥, 혹은 유부초밥의 속으로 활용하거나 좋아하는 채소를 젓갈과 볶아 덮밥을 만들어도 의외로 훌륭하답니다. 간단하면서도 개운한 맛이 매력적인 저의 최애 젓갈 활용법인 창란젓 오이김밥을 소개합니다.

집밥이 초대 요리로 빛나는 순간

## INGREDIENT
(2인분)

밥 2공기, 김밥용 김 3장, 창란젓 60g, 오이 1개, 참기름 1t, 마요네즈 3큰술, 깻가루 취향껏

**TIP** | 창란젓 대신 낙지젓, 오징어젓으로 대체해도 좋다.

**초밥 양념** 식초 3T, 알룰로오스 1.5T, 미림 1t, 소금 1t

## HOW TO MAKE

1. 오이는 필러로 껍질을 벗겨 통으로 준비하고 키친타월로 가볍게 눌러 물기를 닦는다.

2. 창란젓은 칼이나 가위로 잘게 잘라 참기름을 섞어둔다.

3. 준비한 초밥 양념 재료를 모두 섞는다.

4. 뜨거운 밥을 큰 볼에 펴 담고, 3의 초밥 양념을 세 번에 나누어 넣으며 주걱으로 섞은 후 2의 창란젓 1/2과 비빈다.
   **TIP** | 식초 향이 날아간 후 양념을 다시 부어야 밥이 질어지지 않는다.

5. 김발 위에 김-4의 밥-1의 오이를 순서대로 올려 단단히 말아 한입 크기로 썰고 깻가루를 뿌린다.

**Plating tip**

긴 직사각 접시 또는 원형 그릇에 김밥 속이 보이게 담은 후 남겨둔 창란젓을 위에 조금씩 올리면 예쁘다. 작은 간장 종지에 마요네즈를 짜서 접시 끝에 놓고 김밥과 소스에 깻가루를 뿌린다.

## 37

# 바지락솥밥

제철 바지락만 있어도
식탁과 입안을 꽉 채우는
명품 밥 요리

음식을 하다 보면 제철 식재료가 얼마나 중요한지 매번 느낍니다. 요리를 해놓고 별달리 간을 하지 않았는데도 유난히 맛있다 싶을 때가 제철 식재료로 밥상을 차렸을 때니까요. 그래서 될 수 있는 대로 지금 제일 맛있는 채소나 해산물을 이용하려고 항상 애쓰죠. 특히 해산물은 사계절 표를 만들어 두고 보면서 계절에 맞는 재료를 사는 습관을 들이면, 이맘때는 뭘 먹어야 하는지 자연스레 알게 된답니다. 5월은 바지락을 먹어야 하는 달입니다. 5월 바지락은 살이 통통하게 올라 조개를 들어보면 속이 묵직하고 끓여보면 감칠맛이 대단합니다. 저는 5월에는 바지락을 사흘이 멀다고 주문해서 육수를 넉넉히 만들어 냉장고에 보관해 놓습니다. 그리고 라면 끓일 때부터 봉골레 파스타, 태국식 바지락볶음, 이탈리아식 바지락찜, 바지락 칼국수 등 해 먹을 수 있는 요리에 다 넣어 먹습니다. 특히 바지락 육수로 밥을 짓고 미리 발라놓은 통통한 바지락살을 얹으면 다른 반찬이 필요 없는 명품 요리가 탄생하죠. 천연 감칠맛으로 밥맛을 풍부하게 만들어 주는 바지락솥밥, 5월엔 많이 해드세요.

## INGREDIENT
(4인분)

바지락(해감한 것) 500g, 다시마(사방 5cm 크기) 1장, 쌀 2컵, 물 2컵, 쪽파 3대

**양념장** 쪽파 썬 것(위의 쪽파 재료에서 사용) 2T, 향신즙 1t, 간장 2T, 연두순 1/2T, 피시소스 1T, 미림 1T, 참기름 1/2T, 알룰로오스 1.5T, 식초 1.5T, 깻가루 1T, 고춧가루 1T

## HOW TO MAKE

1. 쌀은 미리 씻어 30분 불린다.
2. 쌀을 불리는 동안 바지락은 깨끗이 씻고 쪽파는 송송 썬다.
3. 냄비에 물·바지락·다시마를 넣고 뚜껑을 덮고 중불로 가열해 끓어오르자마자 불을 끈다.
4. 다시마는 건져 버리고, 바지락은 꺼내서 살을 발라 준비해 두고 육수는 한 김 식힌 후 밥물로 쓴다.
5. 솥에 불린 쌀과 3의 육수를 부어 중강불에 약 5분 익히다 끓으면 중약불로 낮추어 약 20분 밥을 짓는다.
6. 5의 불을 약불로 낮추고 쪽파, 바지락살을 밥 위에 올린 다음 약불로 약 5분 후 불을 끄고 1~2분 더 뜸 들인다.
7. 소스 볼에 양념장 재료를 모두 섞은 후 식탁에 같이 낸다.
   **TIP** | 양념장은 전자레인지에 30초 돌린 후 식초 1T를 넣으면 보관 기간이 길어진다.

밥솥째로 상에 내거나, 뚜껑이 있는 밥통에 담아 옮긴 후 1인용 접시와 양념장을 함께 낸다.

## 38

# 문어솥밥

동서양 막론하고 고급 식재료 문어와
갓 지은 밥을 슥슥 비벼 먹는
환상의 케미스트리 요리

예전에 출연한 TV 프로그램에서 큰딸과 함께하는 여행을 촬영하면서 시골 시장을 방문한 적이 있습니다. 시골 시장을 반나절 동안 구경하다가 어느 가게에서 할머니가 큰 솥에다 문어를 삶는 모습을 보게 되었습니다. 대왕문어를 오랜 시간 정성껏 삶는 모습을 보면서 문어가 비쌀 수밖에 없는 이유를 자연스럽게 알게 되었고, 또 집에서 문어를 맛있게 삶기가 얼마나 어려운 일인지도 실감한 순간이었죠. 집에서 문어를 삶다가 너무 질겨진 적이 몇 번 있어서 그 뒤로 문어 요리를 잘 안 해 먹게 됐거든요. 그러다 몇 년 전부터 자숙 문어를 구하기가 쉬워져서 정말 반가웠어요. 게다가 수입 자숙 문어는 아주 맛있으면서 가격도 적당해서 세계 각국의 문어 요리들을 자주 해 먹기 시작했죠. 자숙 문어는 뜨거운 물에 잠깐 담갔다 건져 초장에 찍어 먹기만 해도 맛있지만, 문어와 잘 어울리는 감자와 아삭한 채소들을 곁들여 솥밥으로 해 먹으면 다른 반찬이 필요 없답니다. 재료마다 익는 시간이 제각각이라 시차를 두고 넣어 익히면 훨씬 완성도 높고 고급스러운 문어솥밥을 만날 수 있을 겁니다.

180  집밥이 초대 요리로 빛나는 순간

## INGREDIENT
(4인분)

자숙 문어 다리 150g, 감자 1개, 쌀 2컵, 물 2컵

**양념장** 쪽파 3대, 다진 마늘 1t, 간장 3T, 식초 1T, 알룰로오스 1T, 참기름 1/2T, 연두 청양초 1/2t, 깻가루 1T

**TIP** | 연두 청양초 대신 다진 청양고추 1t로 대체해도 좋다.

## HOW TO MAKE

1. 쌀을 씻어 30분 불린다.

2. 쌀을 불리는 동안 감자는 가늘게 채 썰고 쪽파와 문어는 송송 썬다.
   **TIP** | 문어 다리가 너무 굵으면 세로로 한 번 잘라서 송송 자른다.

3. 솥밥 냄비에 물과 쌀을 넣고 중강불로 익히다가 끓으면 감자 채를 넣고 중약불로 약 20분, 문어를 넣고 약불에 약 5분, 약약불에 5분 뜸 들인다.

4. 양념장 재료를 모두 섞어 솥밥과 따로 낸다.

솥밥 냄비와 양념장을 1인용 접시와 함께 상에 낸다. 솥뚜껑을 열자마자 양념장과 비벼서 각자 접시에 담거나, 1인용 접시에 솥밥을 먼저 담은 후 취향껏 양념장과 비벼도 좋다.

그릇 협찬 : 채율 율 유리잔

# 39

# 전복장볶음밥

평범한 볶음밥의 화려한 변신은
최고의 천연 조미료 전복장소스 한 스푼!
가족 밥상 겸 손님 초대 메뉴

예전에는 귀하디 귀해서 특별한 날에만 먹었던 전복. 이제는 볶음밥에도 넣어 먹을 수 있을 만큼 쉽게 구할 수 있으니 얼마나 좋게요! 저는 평소에도 전복을 여러 요리에 즐겨 사용할 만큼 좋아합니다. 그저 전복을 넣었을 뿐인데 어떤 요리든 더 맛있고 고급스러워지는 식재료이지요. 제가 미역을 좋아해서 그런지 미역을 먹고 사는 전복은 살부터 내장까지 버릴 게 하나도 없어요. 전복죽이나 전복미역국, 전복된장찌개, 전복볶음 등은 전복장을 함께 넣지 않으면 모두 좀 허전하게 느껴집니다. 그래서 만들어 본 게 전복장볶음밥입니다. 전복장의 은은한 향에 밥알과 전복살에 파가 함께 씹히는 식감이 너무 좋아서 가족 저녁상은 물론 손님 초대상에도 단골로 올리는 요리가 되었죠. 전복 손질은 처음에는 낯설지만 두세 마리 하다 보면 금방 익숙해질 거예요. 껍질을 분리할 때는 숟가락이 가장 편하고, 가위로 윗부분 새하얀 이빨만 떼어 내면 버릴 게 하나도 없습니다. 소스를 만들어야 하니 살과 내장을 분리하는 것만 잊지 마세요. 볶음밥은 눈으로 보면 다 비슷해 속에 든 재료를 알 수 없으니, 전복 한 마리는 '나 들어 갔다'는 표시용으로 남겨 주세요.

## INGREDIENT
(2~3인분)

전복 4마리(中 이상), 대파 1대, 밥 2공기, 미림 2T, 연두순 1T, 오일 스프레이, 소금·후춧가루 약간씩

## HOW TO MAKE

1. 전복 내장과 미림을 한꺼번에 믹서기 또는 도깨비방망이로 갈아 놓는다.

2. 파는 다지고 전복은 편 썰되, 한 마리는 장식용으로 격자무늬 칼집만 낸다.

3. 팬에 오일 스프레이를 뿌리고 중불에 칼집 낸 전복만 먼저 익혀서 빼놓는다.

4. 3의 팬을 중강불로 예열해서 오일 스프레이를 뿌리고 파를 볶아 향을 낸 후, 1의 전복 내장을 넣고 비린 향이 날아가게 볶는다.

5. 4에 밥과 2의 전복·연두순·소금·후춧가루를 넣고 볶는다.
   **TIP** | 밥을 누르지 말고 수분기가 날아갈 정도로 볶아야 고슬고슬해져서 식감이 좋다.

6. 불을 끈 후 참기름을 두르고, 접시에 쌓듯이 담은 다음 솟은 부분에 3의 전복을 올린다.

정사각이나 원형의 움푹한 접시에 밥을 산처럼 쌓듯이 담는 게 푸짐해 보이는 포인트다.

그릇 협찬 : 채율 격자문 트레이, 채율 나비 찻잔

## 40

# 금태 감태쌈밥

동양의 식재료 금태와 감태로도
서양의 핑거푸드 못지 않은
비주얼 뽐내는 초간단 쌈밥 요리

한국전쟁 때 부산으로 피난을 가 어린 시절을 보낸 아버지는 그곳에서 자라오면서 싱싱한 해산물을 많이 드셨던 터라, 우리 가족 밥상에도 늘 다양한 생선들이 올라왔죠. 한번은 부산 여행에서 아버지 친구의 초대를 받아 댁에 갔는데, 아버지는 밥상에 올라온 생선구이를 보고 귀한 생선이라면 유독 반가워하셨어요. 그 눈이 크고 붉은색을 띤 생선이 금태였습니다. 예전에는 제주도나 부산에나 가야 먹어볼 수 있는 귀한 생선 금태를 지금은 친절하게 가시까지 발라 진공 포장한 제품으로도 구할 수 있습니다. 금태는 3~6월 제철에 가장 맛있고 가격도 좋습니다. 기름기가 적당히 오르고 살이 부드러운 금태는 구이도 맛있고 솥밥을 해 먹어도 좋은데요. 금태포는 두께가 얇아서 토치만으로도 금세 잘 익습니다. 다른 생선에 비해 가격대는 좀 높지만 고급스러운 맛과 비주얼로 특별한 날 식탁에 내놓기 안성맞춤이지요. 가시를 뺀 금태 필레를 주문할 때 원하면 무료로 머리와 뼈를 따로 넣어주기도 합니다. 이 금태 뼈로 국물을 내면 천연 단맛이 우러나니까 꼭 받아두었다가 다양한 국물 요리에 사용해 보길 바랍니다.

## INGREDIENT
(2인분)

금태 필레 6쪽(노포 수산), 구운 감태 2장, 밥 2공기, 무말랭이 80g, 연두순 1T, 참기름 1T, 오일 스프레이, 깻가루 1T

## HOW TO MAKE

1 밥에 연두순·참기름·깻가루를 넣어 살살 비벼서 주먹밥 12개를 만든다.

2 무말랭이를 그릇에 담아 가위로 잘게 자른다.

3 구운 감태는 2장을 12등분으로 자른다.

4 금태는 반으로 자르고 예열한 팬에 오일 스프레이를 살짝 뿌려 앞뒤를 노릇하게 굽는다.
   **TIP** | 팬에 굽는 대신 토치로 앞뒤를 노릇하게 구워도 좋다.

긴 직사각 접시에 감태를 비스듬히 깔고 가운데에 주먹밥을 놓은 다음, 밥 위에 금태를 초밥처럼 올리고 금태 가운데에 무말랭이를 올린다. 취향에 따라 깻가루를 맨 위에 뿌려도 좋다.

카펠리니 비빔국수

김치말이국수

참깨간장소스 비빔국수

고사리 비빔국수

얼큰 숙주국수

큰가리비 투명국수

숙주무침 닭칼국수

토마토해장라면

냄비새우탕면

마늘종 고추장 짜장면

# PART 5

## 스파게티보다 이색적인
## 면 요리

간단히 국수나 먹자는 말과는 달리, 사실 면 요리가
간단하지는 않지요. 이왕 만드는 김에 한끝의 정성을 더해
스페셜 초대 요리로 승격시켜 보세요.

**41**

# 카펠리니 비빔국수

고소하고 매콤한 한식 소스와
서양 파스타 면의
맛깔스러운 컬래버레이션 메뉴

저희 부부는 결혼하고 20여 년 동안 코로나 팬데믹 시기를 제외하고 매년 남편의 고향인 시애틀을 방문했어요. 그러다 보니 이젠 시애틀도 저에게는 제2의 고향 같은 느낌이 듭니다. 해외에 사는 교민들은 오래전부터 한인 교회를 중심으로 모이곤 했는데요, 힘든 이민 생활 속에서 일주일에 한 번 모여서 종교 행사도 하면서 그리운 한식을 나누는 귀한 시간이기 때문일 겁니다. 손끝에 아련한 기억으로 남아있는 고향의 양념을 현지 재료로 버무린 한식은 독특하면서도 친근한 매력을 내뿜습니다.

시댁 식구들과 함께 간 한인 교회 피크닉에서 먹어본 매콤달콤한 비빔국수가 참 인상적이었는데요. '엔젤 헤어 파스타'라고도 부르는 가장 얇은 파스타를 삶아 비빈 카펠리니 비빔국수는 매우 신선한 만남이어서, 지금은 한국에서도 종종 만들어 먹는 별미가 됐습니다.

소면으로 만들 때보다 탱글탱글한 식감에 단백질 함량도 높은 특제 양념 소스의 카펠리니 비빔국수. 꼭 한번 도전해 보세요!

## INGREDIENT
(2인분)

카펠리니 파스타 2인분, 애호박 1개, 당근 1/2개, 달걀 2개, 오일 스프레이, 소금 약간

소스  고추장 1T, 액젓 2T, 알룰로오스 1.5T, 식초 1/2T, 참기름 1T, 물 1T, 고춧가루 1T, 소금 약간, 깻가루 취향껏

## HOW TO MAKE

1  애호박과 당근은 0.5cm 두께로 잘라 얇게 채 썬다.

2  대형 팬을 예열한 후 오일 스프레이를 뿌리고 1의 애호박과 당근을 부드러워질 때까지 볶다 소금을 살짝 뿌려 접시에 덜어 둔다.

3  같은 팬에 달걀을 깨트려 소금을 약간 넣고 풀어서 달걀지단을 만든 후 고명용으로 채 썬다.

4  카펠리니를 안내문에 적힌 시간보다 1분 덜 삶아 찬물 또는 얼음물에 담갔다가 꺼낸다.
   **TIP** | 차가운 물에 담갔다가 꺼내면 식감이 더 쫄깃해진다.

5  준비한 소스 재료를 모두 섞어 4의 카펠리니와 버무린다.

6  접시에 5의 카펠리니를 담고 2의 애호박과 당근, 3의 달걀지단을 올리고 깻가루를 뿌려 상에 낸다.

길고 움푹한 타원형 접시에 카펠리니를 돌돌 말아 길게 담고 그 위에 고명을 쌓듯이 담으면 더 예쁘다.

# 42

# 김치말이국수

**잘 익은 김치 한 포기로 만드는
세상에서 가장 간편하고
맛있는 면 요리**

한여름, 식욕은 없고 부엌 화구에 불을 켜기 무서울 정도로 더울 때 우리 집에서 국수만 얼른 삶아 뚝딱 해 먹는 별미가 있습니다. 제 외가가 평안도 출신이라 친정어머니는 김치를 심심하고 시원하게 담그세요. 그래서 저도 맛이 깔끔한 김칫국물이 익숙하지요. 젓갈 맛이 약한 우리 집 김치로 국수 국물을 만들어 먹으면 속이 개운해진답니다.

전통 김치말이 국수는 육수를 내려면 각종 재료를 한참 끓여야 할 테지만, 시간도 여유도 없는 워킹 맘인 저는 30분 안에 뚝딱 만들어 내야 할 때가 많아요. 시간과 노력 대비, 의외로 결과물이 훌륭해 가족들이 좋아하는 초간단 김치말이 국수, 비법을 알려드립니다.

## INGREDIENT
(2인분)

쌀국수(소면) 2인분, 달걀 2개, 김치 1/2포기, 소금 약간

국물  생수 3컵, 김칫국물 1컵, 피시소스 3T, 알룰로오스 2T, 참기름 1T, 깻가루 취향껏

## HOW TO MAKE

1  국수를 삶아 찬물에 얼른 씻어서 체에 밭쳐 물기를 뺀다.

2  김치는 채 썬다.

3  달걀을 풀어 소금을 약간 넣고 달걀말이를 부쳐서 먹기 좋은 크기로 자른다.

4  볼에 국물 재료를 모두 넣어 섞고 2의 김치를 넣는다.

5  1의 국수와 4의 국물을 잘 섞은 후 식탁에 낼 국수 그릇에 건더기만 담은 다음, 국물을 붓고 달걀말이를 올린다.
   TIP | 국수를 미리 섞어주면 양념이 골고루 배어 더 맛있다.

 **Plating tip**  1인용 국수 그릇에 담아낸다. 한여름엔 얼음을 몇 개 넣어도 좋다. 얼음을 넣으면 국물이 묽어지므로 피시소스를 1t 더 넣는다.

# 참깨간장소스 비빔국수

피넛소스 한 가지 더했을 뿐인데
평범한 면 요리가 이국적으로 변신한
퓨전 면 요리

지난해 크리스마스는 코로나 팬데믹으로 인해 몇년간 찾아가지 못한 시애틀 시댁을 방문했습니다. 시애틀에는 남편의 형제들이 사는지라 집집을 방문하며 함께 식사하는 즐거움이 쏠쏠했답니다. 그 가운데 대만이 고향인 작은 동서 주디는 우리 가족을 저녁 식사에 초대할 때마다 손수 빚은 대만식 만두와 각종 대만 요리를 대접했습니다. 이번 여행에서는 그 요리 중에서도 대만식 마장소스 비빔국수를 참 맛있게 먹었어요. 새콤달콤하면서도 고소한 맛이 애피타이저로도 그만이고 고기, 채소, 탄수화물이 조화로워 딱 제 스타일이더라고요.
한국에 돌아와 쌀국수 소면을 이용해 땅콩소스로 비슷하게 만들어 응용해 봤는데 결과는 대성공이었습니다. 입맛이 없을 때나 손님 상차림의 애피타이저로도 손색이 없을, 한국식 참깨소스 비빔국수를 소개합니다.

집밥이 초대 요리로 빛나는 순간

## INGREDIENT
(4인분)

소면(4인분) 약 400g, 소고기 차돌박이 200g, 숙주 200g, 오이 2개

소스  다진 쪽파 1/2컵, 간장 5T, 피넛버터 4T, 알룰로오스 3T, 식초 3T, 참기름 1/2T, 깻가루 1T

## HOW TO MAKE

1  오이는 가늘게 채 썬다.

2  큰 웍에 물을 넉넉히 끓여 소면 – 숙주 – 차돌박이 순으로 삶아 건진 후 물기를 빼 준비한다.

3  식초, 참기름을 제외한 소스 재료를 전자레인지에 30초 돌린 후에 식초, 참기름을 섞는다.

4  큰 접시에 국수 – 숙주 – 오이 – 차돌박이 순으로 쌓듯이 담고 소스는 따로 덜어 함께 상에 낸다.

살짝 움푹하고 넙적한 큰 원형 접시에 담는데, 아래에 놓인 재료가 조금씩 보이도록 쌓는다. 1인용 그릇과 함께 내, 각자 재료를 고루 담고 소스를 취향껏 넣어 비벼 먹는다.

# 44

## 고사리
## 비빔국수

한국 전통 소스 된장과
전통 식재료 고사리를 버무려
씹을 때마다 행복한 식감을 주는 소울 푸드

저는 어릴 땐 밥상에 고기가 없으면 뭔가 허전하다고 할 정도로 고기를 좋아했습니다. 안 먹는 채소도 많았고요. 그런데 그 어린 시절에도 고기만큼 좋아했던 채소가 있었으니, 바로 고사리나물이었어요. 어머니가 고사리나물을 무치는 날이면 밥 반, 고사리 반을 비벼 다른 반찬 없이도 맛있게 먹었던 적이 많습니다. 절에서 스님들이 왜 고기 대신 고사리를 드셨는지 아주 충분히 이해를 했죠. 지금도 친정어머니는 고사리 중에서도 가장 맛있다는 제주도 고사리를 잔뜩 사서 물에 불려 삶은 후 맛있게 무쳐주시고, 불린 고사리를 냉동실에 잘 나눠 담아 넣어 주시곤 하시죠.

하지만 요즘은 온라인 새벽 배송으로도 데친 고사리나 삶은 고사리도 손쉽게 주문할 수 있으니, 제가 좋아하는 고사리 비빔밥과 국수를 언제든 뚝딱 만들어 먹을 수 있어 좋습니다. 간단하게 만드는데 풍부한 식감을 자랑하는 고사리 비빔국수, 출출할 때 꼭 한번 만들어 보세요.

## INGREDIENT
(2인분)

생면(소면) 300g, 데친 고사리 150g, 쪽파 2대, 다진 마늘 1T, 소금 약간, 식용유 2T, 깻가루 취향껏

<u>소스</u>  된장 2T, 연두순 1T, 미림 1T, 참기름·들기름 1T씩, 알룰로오스 1.5T

## HOW TO MAKE

1 데친 고사리는 물에 살살 흔들어 씻어 체에 밭쳐 물기를 뺀 다음 2cm 길이로 자르고, 쪽파는 송송 다진다.

2 생면은 봉지에 적힌 시간대로 삶아서 체에 밭쳐 물기를 뺀다.

3 팬을 예열해 중불에 식용유를 두르고, 다진 마늘을 넣어 볶아 향을 낸 다음 고사리를 볶는다.

4 불을 끄기 직전에 소금을 살짝 두른 후 1의 쪽파를 넣고 볶는다.

5 볼에 2의 생면과 4의 고사리, 준비한 소스 재료를 넣어 버무린 다음 깻가루를 뿌린다.

**Plating tip**  4인 이상이 식사하는 일품요리로 낼 때는 타원형 그릇 가운데에 수북이 쌓고, 1~2인용 상일 때는 일반 국수 그릇에 푸짐하게 담아낸다.

그릇 협찬 : 채율 나비 은칠보 차통, 채율 은칠보 디저트 접시, 채율 새싹 삼베 트레이(타원)

## 45

# 얼큰 숙주국수

아삭한 숙주, 매콤한 소스가
얼큰한 맛과 든든함을 주는
포만감 폭탄 면 요리

첫 번째 요리책을 냈을 때 가장 큰 호응을 보인 분들은 의외로 60~70대 살림꾼 엄마의 친구들이셨습니다. 매일 해먹던 똑같은 집밥이 지겨웠는데, 세계 요리를 이렇게 쉽게 집에서 할 수 있을 줄 몰랐다고 하시면서요. 새로운 요리를 상에 올리니 남편과 자제분들이 그렇게 행복해한답니다. 모두 살림의 고수이시지만 끼니때마다 닥치는 '오늘 뭐 해 먹을까?'는 만국 주부들의 공통 고민거리인가 봅니다. 어머니의 친구 중에 음식 잘하기로 유명한 분이 제 책을 보시고 얼마 후, 저에게 평생 수기로 깨알같이 작성하신 쿠킹 노트 6권을 주셨어요. 나중에 한식 책을 쓰게 되면 활용하라고 하시더군요. 이 정성스러운 쿠킹 노트 속에는 맛있고 창의적인 수백 개의 한식 레시피들이 가득했고, 저는 시간 가는 줄 모르고 읽어 내려갔습니다. 이 비법 노트로 요리책 서너 권은 족히 나올 수 있겠더라고요. 그 귀한 보물 같은 레시피를 전해주셔서 얼마나 감사했는지 모릅니다. 그중에서도 첫 장을 펼치자마자 레시피에 반해서 바로 만들어본 국수가 있어요. 여러분도 한 번 만들어 먹어보면, 앞으로 자주 하게 되리라 장담합니다.

## INGREDIENT
(2인분)

숙주 100g, 생면(소면) 300g, 삶은 달걀(반숙) 1개, 물(육수용) 4컵, 코인 육수 1개, 어간장 1T

**양념장** 대파 2대, 청양고추 1개, 다진 마늘 1T, 피시소스 1T, 식용유 4T, 고춧가루 1.5T, 소금·후춧가루 1/2t씩

## HOW TO MAKE

1. 양념장에 쓸 대파, 청양고추는 다져서 다진 마늘과 함께 예열한 팬에 넣어 식용유와 볶는다.

2. 마늘 향이 나면 불을 끄고 고춧가루·피시소스·소금·후춧가루를 섞어서 양념장을 완성한다.

3. 냄비에 물을 끓여 숙주를 살짝 넣었다가 건지고, 그 물에 국수를 넣고 봉지에 적힌 시간만큼 삶는다.

4. 육수를 만들 냄비에 물(육수용)을 끓여 코인 육수와 어간장으로 간을 맞춘다.

5. 국수 그릇에 2의 양념장 1/2을 깔고 4의 국물을 한 국자 넣어 3의 면과 고루 섞는다. 그 위에 숙주와 나머지 양념장을 취향껏 얹고 국물 세 국자 정도 자작하게 부은 다음 삶은 달걀을 올려서 낸다.

**TIP** | 남은 양념장으로 매운맛 정도를 조절하면 좋다.

손님상에 낼 때는 양념장과 국수, 국물 한 국자를 잘 비벼서 타원형 움푹한 그릇에 길게 담은 다음, 숙주는 길게 올리고 삶은 달걀을 반으로 잘라 올려 국물을 자작하게 부어 낸다.

그릇 협찬 : 채율 청자 라인, 채율 빙열 항아리

# 46

# 큰가리비
# 투명국수

이국적인 플레이팅으로
눈과 입까지 즐겁게 충족시키는
저칼로리 일품 해물 요리

겨울이 되면 가리비에 살이 통통하게 오르고, 국물에도 단맛이 깊어집니다. 게다가 산지에서 당일 배송되는 싱싱한 큰가리비(참가리비라고도 부름)의 가격 또한 착하기 그지없습니다. 그래서 저는 가을 찬 바람이 불자마자 가리비를 주문해 이런저런 요리를 해 먹습니다. 그냥 끓여서 국물을 내고 살을 발라서 라면만 끓여도 맛있고, 알이 큰 가리비는 냉장고에 있는 채소들과 모차렐라 치즈를 올려 오븐에 굽기만 해도 훌륭한 요리가 되죠.

언젠가 유명한 중식당에서 코스 요리로 식사할 때, 녹두당면을 삶아 왕가리비에 얹고 중식 소스와 고수를 올려 내온 요리를 정말 너무 맛있게 먹었어요. 그런데 코스로 나오다 보니 딱 조개 한 마리 뿐이어서 정말 아쉬웠죠. 집으로 돌아와 큰가리비를 한솥 찌고 녹두당면을 잔뜩 삶아 가리비 국물과 간장양념을 올려 먹으니까 세상 든든하고 맛있는 국수 요리가 되더라고요. 그날 이후, 온 가족이 겨울 저녁이면 즐겨 먹는 해물 국수 요리로 자리 잡았답니다. 손님상에 대량으로 만들어 내놓아도 국수가 잘 붇지 않아 아주 좋답니다.

집밥이 초대 요리로 빛나는 순간

## INGREDIENT
(2~3인분)

큰가리비 1kg, 물(국물용) 1L, 녹두당면(실당면) 200g, 대파(흰 부분) 2대, 고수 취향껏, 소금 약간

<u>소스</u> 쪽파 3대, 간장 4T, 식초 2T, 알룰로오스 1T, 미림 1T, 참기름 1/2T, 고춧가루 1T, 깻가루 1/2T

## HOW TO MAKE

1. 녹두당면은 찬물에 넣어 10분 이상 불린다.

2. 고수, 소스 재료 중 쪽파는 다지고 대파는 가늘게 채 썬다.

3. 냄비에 물(국물용)과 가리비를 넣어 끓이다가 가리비가 입을 열면 불을 끈다.

4. 삶은 가리비는 건져서 살만 발라서 준비하고, 3의 삶은 물에 대파를 숨이 죽을 정도까지 잠시 넣었다 건진다.
   TIP │ 가리비 껍데기는 플레이팅용으로 남겨 둔다.

5. 소스 재료 중에 참기름, 식초는 빼고 나머지 재료와 2의 쪽파를 섞어 전자레인지에 30초 돌린 후 참기름, 식초를 섞는다.

6. 3의 국물을 다시 끓여 소금으로 간 맞추고, 1의 녹두당면을 넣어 1~2분 익힌 후 건진다. 준비해 둔 가리비 껍데기에 녹두당면, 고수와 대파를 올려 육수를 자작하게 붓고 마무리한다.
   TIP │ 껍질을 숟가락 삼아 먹으면 편하다.

긴 직사각 또는 타원형 그릇에 가리비 껍데기를 두 줄로 놓고 가리비살을 올린 다음 그 위를 녹두당면으로 덮는다. 대파와 고수를 올린 후 국물을 자작하게 붓는다. 1인용 접시에 껍질째 국수와 함께 가져와 소스를 뿌려 먹는다.

# 47

## 숙주무침
## 닭칼국수

매콤한 고명과 깔끔한 국물이
몸과 마음을 든든하게 채워주는
매력적인 국물 면 요리

학창 시절, 학교 근처에 '닭한마리 칼국수'로 유명한 맛집이 있었어요. 야간 자율학습이 있거나 학원이 늦게 끝나는 날에는 친구들과 들러 배를 든든하게 채웠던 기억이 있습니다. 국수 반죽을 여러 번 치댄 후 칼로 가늘게 썰어낸 데서 이름이 유래한 '칼국수'는 조선시대에 생겨난 음식인데, 그때는 밀가루가 보급되기 전이라 메밀로 반죽했다고 합니다. 메밀이 더 귀한 지금은 상상도 못 할 일이죠? 한국전쟁 이후 밀가루가 구호품으로 보급되면서 지금처럼 밀가루 칼국수가 보편화됐고, 오랫동안 값싸고 든든한 서민 음식의 대명사로 자리 잡았죠. 오랜 시간 흔하게 먹으면서 닭칼국수, 바지락칼국수, 소고기칼국수, 팥칼국수 등 많은 종류가 사랑받고 있는데요. 저는 집에서도 친정어머니가 자주 해주셨고 밖에서도 찾아다니며 자주 먹었던 닭칼국수를 가장 좋아합니다.

요즘은 국물은 닭다리살로 최대한 맑게 끓이고, 닭다리살과 숙주는 매콤하게 무쳐낸 칼국수를 집에서 자주 만들어 먹습니다. 쿠킹 클래스에서는 제 또래 수강생들에게 특히 인기 있는 메뉴다 보니 칼국수를 넉넉히 준비해요. 맑고 개운한 국물에 매콤한 고명이 매력적인 숙주무침 닭칼국수에 도전해 보세요.

218 집밥이 초대 요리로 빛나는 순간

## INGREDIENT
(2인분)

닭다리살 200g, 숙주 1/2봉지, 생칼국수 300g, 물(국물용) 1.2L, 코인 육수 1개, 소금 약간

**소스** 쪽파 2대, 홍고추 1개, 피시소스 1T, 간장 1T, 올리고당 1t, 참기름 1/2t, 고춧가루 1T, 깻가루 1t, 소금·후춧가루 약간씩

## HOW TO MAKE

1. 닭다리살은 껍질을 벗겨내고 지방을 제거한다.

2. 소스 재료 중 홍고추, 쪽파는 잘게 다진다.

3. 냄비에 물(국물용)을 끓여 코인 육수와 닭다리살을 넣고, 닭고기가 속까지 익자마자 바로 건져 둔다.

4. 3의 국물에 숙주를 담갔다가 바로 건져 체에 받쳐 놓고, 같은 국물에 생칼국수를 넣어 포장지에 적힌 것보다 30초 덜 삶아 체에 건진다. 국물은 소금으로 간을 맞춘다.
   **TIP** | 귀찮아도 면을 건져 놓아야 쫄깃하게 먹을 수 있다.

5. 3의 닭다리살을 결대로 찢어서 4의 숙주와 함께 볼에 담아, 준비한 소스 재료를 모두 넣어 버무린 후 국수 위에 올린다.

 큼직한 국수 그릇 가운데에 칼국수를 쌓고 국물을 부은 후, 닭고기와 숙주 고명을 넉넉히 올려서 1인분씩 낸다.

# 48 토마토해장라면

토마토를 푹 고아
시원해진 국물이 건강에도 좋은
속풀이 해장 라면

손님을 초대해서 진수성찬을 차린 날, 술자리가 길어지면 밤참으로 라면을 끓이게 될 때가 있습니다. 그런데 이때 "역시 라면이 제일 맛있다!"며 손님들이 감탄하면 요리한 입장에선 좀 허무하긴 하지만 솔직히 부정하긴 힘든 말 같기도 합니다. 그만큼 라면은 언제 어떻게 끓여도 맛있고, 조금만 정성을 더하면 금방 특별한 요리가 되기도 하죠. 저는 요리 개발이 취미다 보니 라면도 이렇게 저렇게 만들어 보곤 하는데요. 이번에는 해장할 때 딱 안성맞춤인 '토마토 해장라면'을 소개합니다.

토마토에 속을 풀어주는 성질이 있기도 하고, 그 맛이 라면 수프와도 묘하게 잘 어울리면서도 시원함을 그대로 살려서 속풀이 음식으로 참 좋습니다. 냉장고에 있는 자투리 채소들을 많이 넣으면 넣을수록 국물이 시원하고 고급스러운 해장 라면을 맛볼 수 있을 거예요.

집밥이 초대 요리로 빛나는 순간

## INGREDIENT
(2인분)

라면(면발이 굵은 신라면, 너구리 등) 2개, 토마토소스 200g, 물(국물용) 500㎖, 토마토 1개, 라면 수프 1봉, 표고버섯 4개, 청경채 2개, 다진 마늘 1T, 소금·후춧가루 약간씩

**TIP** | 청경채 대신 대파, 쪽파, 부추 등을 넣어도 좋다

## HOW TO MAKE

1. 표고버섯은 얇게 편 썰고 토마토는 얇게 반달썰기 하며, 청경채는 길게 2등분한다.

2. 냄비에 물(국물용)과 1의 표고버섯·토마토·다진 마늘을 넣고 끓으면 토마토소스와 라면 수프를 넣는다.

3. 2가 끓으면 라면을 넣어 기호대로 익히고, 불 끄기 1분 전에 청경채를 넣고 후춧가루를 뿌린 후 소금으로 간을 맞춘다.

    **TIP** | 달걀을 넣을 경우 불을 끄기 3분 전에 넣되, 맑은 국물을 원하면 노른자를 터트리지 않게 조심한다.

여러 명이 먹을 때는 라면은 큰 볼에 담고 1인용 그릇과 함께 낸다. 홍고추 고명을 뿌리면 더 먹음직스럽다.

# 49 냄비새우탕면

가벼운 인스턴트 라면이
깊고 진한 국물로 업그레이드된
고급스러운 면 요리

여러분은 무슨 라면을 좋아하시나요? 한국인이라면 자기 입맛에 딱 맞는 최애 라면 한 개씩은 있겠죠? 저의 최애 라면은, 바로 새우탕면입니다. 꽤 어린 시절부터 엄청나게 많이 먹었던 것 같은데요. 지금까지 아무리 많은 라면을 먹어봐도 제 입맛엔 여전히 이 깊으면서도 시원한 새우탕면의 국물이 독보적인 것 같아요. 한 가지 아쉬운 점이 있다면 건더기 수프가 너무 야박해서 채소와 어묵 같은 건더기가 더 푸짐했으면 더 좋겠다 싶었거든요. 그래서 만들어 본 게 '냄비 새우탕면'이에요. 전 라면을 정말 좋아하지만, 말로는 늘 다이어트 중이라 참고 참다가 먹는 편이거든요. 그래서 벼르다 먹는 김에 손이 좀 가더라도 정성을 다해 미식 라면을 만들어 먹곤 합니다. 참다가 오랜만에 먹는 거니까 무조건 맛있어야 참은 게 억울하지 않으니까요.

그냥 새우탕면보다 더 시원하고 은은한 새우 향과 채소 국물이 매력적이어서 바닥까지 싹 다 비우게 되는 저의 최애 라면, 새우탕면을 공유할게요. 꼭 한번 끓여 드셔보시길!

## INGREDIENT
(2인분)

새우탕면 큰사발 2개, 수프 1봉지, 냉동 새우 10마리, 청경채 2개, 물(국물용) 600㎖, 새우젓 1/2T, 고춧가루·마늘가루 1t씩

**TIP** | 마늘가루 대신 다진마늘을 같은 양으로 대체해도 좋다.

## HOW TO MAKE

1. 냉동 새우는 해동해서 칼로 으깨듯 다진다.
2. 쪽파와 홍고추는 잘게 다지고 청경채는 밑동을 자른 후 길게 4등분한다.
3. 냄비에 물(국물용)과 수프, 마늘가루, 고춧가루를 넣고 끓인다.
4. 3에 면을 넣고 약 2분 끓이다가, 1의 새우와 2의 청경채를 넣고 약 2분 더 끓여 새우젓으로 간을 맞춘다.
5. 불을 끄자마자 2의 쪽파와 홍고추, 후춧가루를 넣는다.

흰 국수 그릇 가운데에 면을 건져 놓고 국물을 부은 후 건더기를 고명처럼 고루 올려서 낸다.

그릇 협찬 : 채율 백수백복 은칠보 주전자,
채율 백수백복 술잔

## 50

# 마늘종
# 고추장 짜장면

중국에는 첨면장의 자장멘이 있다면
한국에는 고추장을 넣어 더 개운해진
호불호 없는 춘장의 짜장면

'중국에 짜장면은 없다'는 말, 한번쯤 들어보셨나요? 짜장면은 한국전쟁 이후 한국에 정착한 화교들이 춘장을 이용해 한국인의 입맛에 맞게 개발한 요리니까, 결국 한국에서 시작된 요리인 셈이죠. 지금도 우리나라에서는 짜장면이 하루에 600만 그릇이 팔린다고 하니, 과히 짜장면은 한국인의 국민 음식이자 어린 시절의 추억이 담긴 '소울푸드(soul food)'라고 할 수 있을 겁니다. 그러다 보니 지역마다 사람마다 짜장면을 즐기는 방법이 다양합니다. 저는 개인적으로 짜장면에 고춧가루 뿌려 먹는 것을 좋아합니다. 먹는 맛 끝에 고춧가루가 짜장면의 느끼한 부분을 꽉 잡아주는 느낌이 참 좋더라고요.

그런데 짜장 양념이 우리 된장이나 고추장처럼 콩을 발효한 춘장에서 기반했다 보니, 된장 또는 고추장과 섞어도 꽤 잘 어울린답니다. 그래서 요리하기 시작하면서 집에서만큼은 이런저런 시도를 해보며 다양한 짜장면 맛을 즐기고 있지요. 오늘은 콩 발효 장의 종합 선물 세트인 고추장 짜장면을 소개할게요. 제가 자주 가는 화교 셰프님의 식당에서 선보인 마늘종면에서 영감을 받은 요리입니다. 얼큰한 고추장 짜장면에 마늘종 씹는 맛까지 더해져 푹 빠지게 될 거예요.

## INGREDIENT
(2인분)

돼지고기(다짐육) 100g, 마늘종 100g, 짜장용 생면 2인분, 미림 1T, 고춧가루 1T, 소금 약간

**소스** 춘장 1T, 고추장 2T, 된장 1T, 식용유 2T, 올리고당 1T, 전분물 5T(전분 1T + 물 4T)

## HOW TO MAKE

1. 마늘종은 0.5cm로 송송 썰고 돼지고기에는 미림을 뿌려 재워 놓는다.

2. 면은 봉지에 적힌 시간만큼 삶아 건져 체에 밭쳐 놓는다.

3. 팬을 중강불로 예열한 다음, 식용유를 두르고 마늘종을 볶다가 약 1분 후 돼지고기를 넣고 소금을 살짝 뿌려 약 2분 더 볶는다.

4. 같은 팬에 전분물을 제외한 소스 재료를 넣어 섞은 후 중불에 볶는다.

5. 4가 끓으면 약불로 낮추고 전분물을 섞은 후, 고춧가루를 넣은 다음 바로 불을 끈다.

**Plating tip** 국수 그릇에 삶은 면을 집게로 돌돌 말아 쌓고 짜장소스를 넉넉히 부은 후, 취향에 따라 삶은 달걀 반숙 또는 달걀프라이를 올려도 어울린다.

들깨 가자미미역국

얼큰 돼지고기 시래깃국

황태 애호박국

초간단 파개장

고사리 차돌박이찌개

순두부 달걀탕

삼겹 두부조림탕

차돌 가지 짜글이

쫄면 순두부

토마토 카레

# PART 6

## 수프보다 깊은 맛의 국물 요리

제철 채소, 신선한 해산물, 고기를 멋지게 조합해
김치찌개, 된장찌개를 뛰어넘는 나만의 국물 요리를
완성해 손님의 입맛을 사로잡아 보세요.

# 51

# 들깨 가자미미역국

보얀 국물에 쫄깃한 미역과
부드러운 가자미살의 씹는 맛이
일품인 한국풍 해산물 스튜

저는 국 중에서 미역국을 가장 좋아합니다. 오죽하면 시험에 미끄러질까 봐 미역국을 안 먹는다는 고3 때도 대학 입시 보는 날 도시락 반찬으로 미역국과 미역줄기볶음을 싸갈 정도였죠. 딸 둘을 출산한 후에도 다른 산모들은 지겹다는 미역국을 석 달 동안 매일 아주 맛있게 먹었고요. 그러다 보니 정말 다양한 미역국을 끓여보고 개발도 해보았지요. 가장 기본인 소고기미역국은 언제나 진리이고 호불호가 없지만, 저는 조개나 멸치를 베이스로 국물을 낸 해산물 미역국을 더 좋아합니다. 몸이 허할 때는 전복 큰 것 1개를 썰고 전복 내장도 갈아 미역과 볶아서 보신탕으로 원샷할 때도 있고요.

오늘은 친정아버지 생신 때 끓여드리고 칭찬받은 들깨 가자미미역국을 소개할게요. 들깨를 넣어서 구수한 국물에 쫄깃한 미역과 부드러운 가자미살이 씹히는 맛이 일품입니다. 뽀얀 미역국 위에 흰 가자미살이 보이면 한층 더 고급스러운 명품 미역국. 부모님 생신상에 한번쯤 올려보길 추천합니다.

집밥이 초대 요리로 빛나는 순간

## INGREDIENT
(3~4인분)

냉동 가자미살 4쪽, 미림 1T, 마른미역 20g, 다진 마늘 1/2T, 참기름 1T, 식용유 1t, 물(국물용) 1.4L, 코인 육수 2개, 들깻가루 2T, 소금 1/2T

**TIP** | 코인 육수 대신 시판하는 여러 종류 멸치 육수를 사용해도 된다.

## HOW TO MAKE

1. 마른미역을 물에 30분 이상 불린다.
2. 미역을 불리는 동안, 가자미는 해동해서 미림과 향신 즙을 섞어 가자미 위에 뿌려 놓는다.
3. 냄비를 중불로 예열해 식용유를 두르고 마늘을 볶다가 마늘 향이 올라오면 불린 미역, 참기름을 넣고 약 3분 볶는다.
4. 3에 물(국물용)을 넣고 끓으면 코인 육수, 들깻가루를 풀고 약 20분 끓인다.
5. 가자미를 적당한 크기로 자른 후 흐트러지지 않게(붉은 살 쪽이 위로 보이도록) 미역국 위에 올려서 뚜껑 덮고 약 5분 더 끓이고 소금으로 간을 맞춘다.

큰 국그릇에 가자미살이 보이도록 푸짐하게 담아 1인분씩 낸다.

# 52

# 얼큰 돼지고기 시래깃국

돼지목살과 시래기의 풍부한 식감에
얼큰한 국물이 어우러진
국밥 스타일 한식 스튜

해마다 가을이면 친정어머니, 시누이, 올케, 저까지 네 집이 모여 김장을 합니다. 배추김치 80여 포기에 섞박지 예닐곱 통을 끝내고 나면 무청 시래기가 엄청나게 많이 생깁니다. 이 또한 네 집이 사이좋게 나누지요. 저는 큰 지퍼락 너덧 개에 나눠 담아 냉동실에 보관해 놓고 시래기지짐, 나물, 시래기 생선조림 등 다양한 요리에 활용합니다. 시래기를 삶아서 진한 양념장에 버무려 놓고 여기저기 다양한 요리에 넣어 활용하면 양념 시래기나물이 천연 조미료 역할을 톡톡히 해줘서 모든 요리가 맛있어진답니다. 요즘은 데친 시래기를 용량별로 판매하니 김장을 안 해도 쉽게 구할 수 있어요.

오늘은 돼지고기 목살과 양념 시래기가 어우러져 얼큰하면서도 감칠맛 가득한 돼지고기 시래깃국을 소개합니다. 이 국에 밥 한 그릇 말아먹으면 다른 밑반찬은 생각나지 않을 정도지요. 속도 든든해지고 맛있는 국밥이라 자주 해 먹게 될 거예요.

집밥이 초대 요리로 빛나는 순간

## INGREDIENT
(5인분)

데친 시래기 300g, 돼지고기(목살) 300g, 대파 1대, 홍고추 2개, 코인 육수 2개, 멸치액젓 2T, 물(국물용) 1.6L, 식용유 1T, 고운 고춧가루 4T, 소금 약간

**시래기 양념** 고추장 1T, 된장 4T, 다진 마늘 1T, 미림 4T, 물 1/2컵

## HOW TO MAKE

1. 대파, 홍고추는 다지고 시래기는 3cm 길이로 자른다.
2. 준비한 시래기 양념 재료를 모두 섞어서 시래기와 조물조물 버무린다.
3. 돼지고기는 한입 크기로 썰어 멸치액젓에 무쳐놓는다.
4. 냄비에 식용유를 두르고 중불에 돼지고기를 볶다가 겉이 익으면 양념해 둔 시래기를 넣고 볶는다.
5. 돼지고기가 속까지 익으면 물(국물용)을 넣고 끓으면 코인 육수를 넣어 약 20분 끓인다.
6. 5에 고춧가루, 1의 대파와 홍고추를 넣고 약 1분 더 끓인 후 소금으로 간을 맞춘다.

국 그릇보다 큰 국수 그릇과 밥 한 그릇을 1인분씩 놓고, 깍두기, 무장아찌 등과 함께 내면 좋다.

# 53

# 황태 애호박국

황태와 애호박의 만남으로
고소하고 시원한 맛이
일품인 국민 해장국

어린 시절, 아버지는 애주가에다 친구도 좋아하셔서 저녁 약속 자리에서는 술도 한잔하고 들어오실 때가 많았습니다. 보통 어머니들은 다음날 아침에 해장국을 끓이시는데 제 어머니는 특이하게도 밤늦게 해장국을 끓이셨어요. 아버지가 워낙 출근 시간이 일렀던 탓에 다음 날을 위해 미리 해장하셨던 것 같기도 합니다. 덕분에 저도 가끔 늦게까지 깨어있는 날이면 어머니가 맛있게 끓이신 오징어찌개, 순두부탕, 대구탕, 황탯국 등 해장국을 아버지와 함께 먹으며 속 깊은 대화를 나누곤 했죠. 다음 날 얼굴이 붓긴 하지만 평소에는 바빠서 얼굴 보기 힘든 아버지와 정겨운 이야기를 나눈 기억은 마음속에 따뜻한 추억으로 남아 있습니다. 어머니가 그때 끓여주신 해물 육수의 시원한 국물은 술을 마시지 않아도 해장이 되는 것 같은 느낌이 들어서, 어른이 되면 술 한잔 걸치고 해장국으로 먹어보고 싶단 생각도 했습니다. 그중에서도 애호박을 듬뿍 넣은 황탯국은 아버지께서 특히 좋아하시던 해장국이었는데요. 들기름이 들어가 고소하면서도 황태와 애호박의 시원한 맛을 간직하고 있죠. 황태 애호박국을 한번 끓여보면 과음한 다음 날 가장 생각나는 속풀이 해장국이 될 거예요.

244　집밥이 초대 요리로 빛나는 순간

## INGREDIENT
(4인분)

황태채 3줌, 애호박 1개, 대파 1대, 다진 청양고추 1T, 다진 마늘 1T, 물(국물용) 1.6L, 달걀 2개, 들기름 2T, 식용유 1T, 새우젓 2T, 후춧가루 1/2T, 소금 1/2T

**TIP** | 다진 청양고추 대신 연두 청양초 1/2t로 대체해도 좋다.
달걀은 취향에 따라 더 추가해도 좋다.

## HOW TO MAKE

1  황태채는 물에 조물조물 씻어 꼭 짜서 3cm 길이로 자른다.

2  애호박은 세로로 반 자른 후 7mm 두께로 썰고, 대파는 다진다.

3  냄비를 예열해 중불에 들기름, 식용유를 넣고 달군 후 황태채, 후춧가루를 넣고 볶다가 물(국물용)을 붓고 푹 끓인다.

**TIP** | 물은 4~5번에 나누어 물이 끓을 때마다 부어주면 황태채에서 뽀얀 국물이 잘 우러나온다.

4  새우젓, 다진 마늘, 2의 애호박을 넣고 호박이 익으면 2의 대파, 다진 청양고추를 넣고 약 2분 더 끓여 소금으로 간한다.

5  달걀은 거품기로 푼 다음 굵은 체에 밭쳐 국에 넣은 후 휘젓지 말고 바로 뚜껑 덮어서 약 1분 후 불을 끈다.

**TIP** | 달걀을 체에 밭쳐 넣을 때는 국물과 섞이지 않게 살살 붓는다. 맑은 국물을 원하면 달걀은 생략해도 된다.

국그릇보다 큰 국수 그릇에 건더기를 푸짐하게, 국물을 넉넉히 담아 밥, 김치와 함께 낸다.

그릇 협찬 : 채율 율 쟁반

# 54

## 초간단 파개장

투박하게 만든 국물 한 그릇에서
정성과 맛을 고스란히 느낄 수 있는
한국 최고의 매콤한 스튜 요리

예전에 어머니가 육개장을 끓여주시면 그 안에 든 달콤한 대파가 너무 맛있어서 쏙쏙 건져 먹곤 했습니다. 육개장의 주재료는 소고기지만 그 국 안에 든 대파, 고사리, 숙주, 버섯 등 채소가 어찌나 맛있는지 서양의 어떤 스튜 속 채소보다 맛있다고 생각했습니다. 찬 바람이 부는 계절이면 어머니는 큰 드럼통 같은 냄비에 채소를 한가득 넣고 슴슴하게 육개장을 끓여 주셨는데요. 그 많은 육개장을 밥도 없이 큰 국그릇에 한가득 담아 몇 날 며칠 질리지도 않고 퍼먹었습니다. 그런데 왠지 요즘은 육개장을 다른 국이나 찌개보다는 덜 먹는 것 같아요. 아무래도 한 번에 많이 만들어야 하고 손도 많이 가는 음식이다 보니 식구 수도 줄고 1인 가구도 많아진 시대에 선뜻 만들 엄두가 안 나기 때문이겠죠. 그래도 저는 가끔 엄마표 육개장이 너무 먹고 싶을 때 냉장고에서 손질해 놓은 대파를 잔뜩 꺼내 파개장을 끓입니다. 제가 좋아하는 대파를 양껏 먹을 수 있어서 행복하고, 건더기를 많이 넣고 슴슴하게 끓이면 밥 없이도 속이 든든해져 수프 같은 다이어트 식단으로도 훌륭하답니다. 초간단한 방법이니 자주 해 먹어 보세요.

248 집밥이 초대 요리로 빛나는 순간

## INGREDIENT
(4인분)

대파 5대(흰 부분 위주로), 소고기(양지 또는 사태) 200g, 느타리버섯 100g, 데친 고사리 100g, 국간장 1/2컵, 물(소스용) 2컵, 들기름 1t, 식용유 1T, 물(국물용) 1.2L, 고추기름(식용유 3T+고춧가루 1T, 전자레인지에 1분 돌린다)

**양념** 다진 마늘 1T, 물 2T, 어간장 1T, 연두순 1T, 올리고당 1t, 고춧가루 4T, 소금 1/2T, 후춧가루 약간

**TIP** | 어간장 대신 국간장을 사용해도 된다.

## HOW TO MAKE

1. 고기는 한 입 크기로 자르고, 대파는 4cm 길이로 채 썰고, 데친 고사리는 4cm로 썬다.

2. 느타리는 찢어서 1의 대파와 고사리와 함께 물(소스용), 국간장에 조물조물 무친 후 10분 이상 재워 둔다.

3. 냄비를 중불에 예열해 식용유, 들기름을 두르고 1의 고기를 볶는다.

4. 고기 겉이 익으면 2의 재료들을 건져서 양념 재료와 같이 넣고 중불에 볶다가, 양념이 재료에 고루 스며들면 물(국물용)을 붓고 8~10분 팔팔 끓인다.

5. 재료들이 알맞게 익었으면 고추기름을 넣고 중약불에 10분 이상 더 끓인 후 소금으로 간한다.

    **TIP** | 고추기름은 입맛에 맞게 양을 조절한다.
    취향에 따라 당면이나 달걀을 추가해도 좋다.

국그릇보다 큰 국수 그릇에 건더기를 먼저 푸짐하게 담는다. 국물을 취향껏 붓고 밥과 함께 낸다.

## 55

# 고사리
# 차돌박이찌개

쫄깃한 식감의 대표 식재료인
차돌과 고사리를 함께 넣어
씹을 때마다 고소함이 폭발하는 밥도둑 요리

제주도를 여행하다 보면 고사리를 넣은 탕이나 찌개가 정말 많습니다. 그만큼 제주도 고사리가 맛있다 보니 여러 요리에 활용된 것 같습니다. 저도 주로 제주도산 말린 고사리와 생고사리를 주문해서 고사리나물, 육개장, 솥밥 등을 자주 해 먹는데요. 얼마 전에 샀던 제주산 데친 고사리는 진공 팩에 포장돼 싱싱한 초록색이 남아있어 보기 좋았고, 요리한 후 식감이 아삭하게 살아있어 훨씬 맛있더라고요. 제가 고사리를 좋아하는 데다가 고사리에 섬유질, 비타민C, 비타민B가 풍부하고 특히 칼슘이 많아 갱년기 여성과 성장기 어린이에게도 좋다니 더더욱 안 먹을 이유가 없겠죠. 늘 해먹는 요리 말고 의외의 요리에 고사리를 넣어도 어디에나 잘 어울린다는 걸 발견할 거예요.

오늘은 고사리와 차돌박이가 함께 들어가 고소함이 가득한 고사리 차돌박이찌개 끓이는 방법을 소개합니다.

## INGREDIENT
(2인분)

데친 고사리 100g, 소고기 차돌박이 200g, 두부 1/2모, 대파 1대, 홍고추 1개, 양파 1/2개, 다진 청양고추 1/2T, 물(국물용) 2.5컵, 코인 육수 1개

**양념** 된장 2T, 다진 마늘 1t, 고춧가루 1t

## HOW TO MAKE

1. 대파와 홍고추는 송송, 양파는 2cm 깍둑썰기, 고사리는 3~4cm 길이로 자른다.
2. 두부는 사방 2cm 깍둑 썰고 차돌박이는 한입 크기로 자른다.
3. 냄비에 양념을 볶다가 향이 나면 고사리를 넣고 볶는다.
4. 고사리에 양념이 배면 물(국물용)과 코인 육수를 넣고 끓인다.
5. 4가 끓으면 중불로 낮추고 1의 양파와 2의 차돌박이를 넣는다.
6. 양파가 익으면 1의 대파와 홍고추, 2의 두부, 다진 청양고추를 넣고 끓이다가 두부가 익으면 불을 끈다.

 뚜껑 있는 뚝배기에 푸짐하게 담아 밥, 1인용 국그릇과 함께 낸다.

그릇 협찬 : 채울 청자 라인

56

# 순두부 달걀탕

밥 없이 순두부와 달걀만으로도
푸짐한 한 끼가 되는
단백질 폭탄 스튜

주말 아침, 딸들은 늦잠을 자고 남편과 둘이 아침을 먹을 때가 많습니다. 주중 저녁은 거의 집밥을 먹어서 주말만큼은 맛집을 찾아 나설 때도 있지만, 나가는 것도 귀찮을 때가 있어요. 그럴 때 한식 브런치로 딱 좋은 순두부 달걀탕입니다. 부드러운 순두부에 걸맞게 달걀을 부드러운 식감을 살려 끓이는 것이 중요한 비법이죠.

저는 항상 마음만은 '다이어트 모드'거든요. 늘 실패하지만…. 그래도 좀 살이 올랐다 싶을 때 가족에게는 저녁상을 차려주고 저를 위해 순두부 달걀탕을 끓입니다. 밥을 거의 안 먹고요, 큰 국그릇에 순두부 달걀탕을 푸짐하게 담아 먹을 때가 종종 있습니다. 맛도 좋고 포만감도 들어 든든하니까 '다이어트 중인데' 하는 죄책감도 좀 줄어들죠. 매콤한 맛을 좋아하면 매운맛 육수를 넣어서도 끓여보세요. 술 마신 다음 날, 해장으로도 그만이랍니다.

## INGREDIENT
(2인분)

대파 2대, 홍고추 1개, 순두부 1봉지, 달걀 2개, 식용유 1T, 물(국물용) 1.5컵, 연두순 1/2T, 고춧가루 1t, 소금 약간

## HOW TO MAKE

1. 대파와 홍고추는 세로로 길게 자른 후 다진다.
2. 순두부는 대접 위에 고운 체를 올려놓고 밭쳐 담아 간수를 뺀 후 3cm 두께로 자른다.
3. 냄비를 예열한 후 식용유, 1의 대파와 홍고추, 고춧가루를 넣어 중불에 볶는다.
4. 파 향이 오르면 물(국물용)과 연두순을 넣고, 끓으면 순두부를 넣어 3~4분 더 끓인다.
5. 달걀을 풀어서 굵은 체에 밭쳐 넣은 다음, 휘젓지 말고 뚜껑을 덮어 약불에 약 2분 익힌 후 불을 끈다.
   **TIP** | 달걀을 체에 밭쳐 넣으면 식감이 더욱 부드럽고 국물 맛이 풍부해진다.
6. 5분 뜸 들인 후 뚜껑을 열고 소금으로 간을 맞춘다.

**Plating tip**  냄비째로 상에 올리고 1인용 국그릇을 낸다. 대파와 홍고추는 조금 남겼다가 상에 낼 때 위에 뿌려주면 예쁘다.

# 57

## 삼겹
## 두부조림탕

익숙한 두부조림에 화룡점정
삼겹살을 넣어 특별식으로 완성된
원 디시 디너

아는 맛이 가장 무섭다고 하죠. 아주 평범하면서도 흔한 한식은 우리가 다 아는 맛이라, 오히려 웬만하면 맛있다고 느끼기가 더 힘든 것 같아요. 저도 최근 몇 년간 제 입에 딱 맞는 된장찌개와 김치찌개는 못 먹어봤거든요. '맛있는 맛'을 너무 잘 아니까 마음에 쏙 들기 힘들어요. 전국에 맛있다는 된장, 김치 장인이 만든 묵은 김치를 늘 찾아 헤매는 중이랍니다.

그런 의미에서 일단 요리에 넣기만 하면 절반의 성공이 보장되는 식재료가 있다면 삼겹살 아닐까요? 평범한 찌개나 볶음에 삼겹살만 섞으면 무조건 훌륭한 일품요리가 되는 것 같아요.

오늘은 삼겹살과 두부, 대파의 환상적인 향연으로 밥을 무한정 먹게 만드는 요리, 조림과 찌개의 중간쯤인 삼겹 두부조림을 만들어 볼게요. 저녁상에 올리면 친정아버지가 냉장고에서 소주를 조용히 꺼내오던, 잘 알아서 더 무서운 맛, 우리 집 대표 찌개를 소개합니다.

260    집밥이 초대 요리로 빛나는 순간

## INGREDIENT
(2인분)

미박 삼겹살 200g, 두부 1모, 대파 2대, 된장 물(된장 1T + 물 1컵)

**양념** 간장 3T, 피시소스 1T, 들기름 1T, 다진 마늘 1T, 알룰로오스 1T, 연겨자 1T, 물 1컵, 고춧가루 2T

## HOW TO MAKE

1  대파는 잎과 줄기 부분을 분리해 어슷 썰어 놓고, 삼겹살은 한입 크기로 자른다.

2  두부는 간수를 뺀 후 반으로 잘라 1cm 두께로 썰어 된장 물에 약 10분 담가 둔다.

3  준비한 양념 재료를 모두 섞는다.

4  팬을 예열해 식용유 없이 대파 흰 부분을 노릇하게 볶다가 삼겹살을 그 위에 넓게 펴서 올리고, 그 위에 두부를 한 층으로 올린 후 3의 양념을 전체에 고루 부어 중강불에 끓인다.

5  양념이 끓으면 중불로 낮추고 팬의 양념을 재료 위에 고루 끼얹으며 조린다.

6  두부에 양념이 배어들면 대파 잎 부분을 위에 얹고 뚜껑 덮어 약불에 파의 숨이 죽을 정도로 끓인다.

밑이 넓고 두꺼운 냄비에 끓여 냄비째로 상에 내고 1인용 접시에 덜어 먹으면 푸짐해 보인다. 크고 움푹한 접시에 국물과 함께 담아 내도 좋다. 채소솥밥과 함께 내어 양념처럼 비벼 먹으면 잘 어울린다.

# 58

## 차돌 가지 짜글이

세계인이 사랑하는 식재료 가지와
동양인이 애정하는 식재료 차돌에
특제 양념을 더해 완성한 일품 요리

언제부터인가 백반집에서 '짜글이'라는 음식이 많이 보이기 시작했습니다. 처음 봤을 때부터 뭔지 감은 안 오지만, 그냥 맛있을 것 같고 왠지 시켜 먹고 싶은 음식이라는 생각이 들었죠.

짜글이는 충청도 지방에서 시작된 향토 음식으로, 찌개보다는 국물이 적고 볶음이나 두루치기보다는 국물이 자작하며 된장찌개와 비슷한 양념에 고추장을 더 넣는 집도 있답니다. 고기와 채소가 적절히 들어가서 밥을 비벼 먹기 딱 좋은 요리입니다. 원래 저는 국보다는 찌개를 좋아해서 김치찌개나 된장찌개도 밥 비벼 먹기 좋게 진하게 끓이는 편이거든요.

냉장고에 있는 각종 채소들과 자투리 고기를 양념에 볶아서 쌀뜨물을 자작하게 붓고 졸이면 훌륭한 짜글이가 된답니다. 오늘은 우리 교회 권사님께 배운 가지 짜글이 양념에 차돌박이를 넣어 맛있는 차돌 가지 짜글이를 만들어서 갓 지은 흰밥에 슥슥 비벼 먹어 보겠습니다.

## INGREDIENT
(4인분)

말린 가지 100g, 소고기 차돌박이 200g, 대파 2대, 양파 1/2개, 쌀뜨물 5컵, 된장 3T, 고추장 1.5T, 국간장 2T

**TIP** | 쌀뜨물 대신 생수로, 국간장 대신 어간장으로 대체해도 좋다.

## HOW TO MAKE

1. 말린 가지를 쌀뜨물 3컵에 넣어 10분 불린 후 조물조물해서 물기를 빼고 2등분한다.
2. 대파는 송송, 양파는 채 썰고 차돌박이는 3등분한다.
3. 1의 가지를 된장, 고추장에 먼저 버무린 후 냄비에 넓게 펴서 올리고 그 위에 2의 대파와 양파를 올린다.
4. 3에 국간장과 쌀뜨물 1컵을 넣고 중강불로 끓인다.
5. 4가 끓으면 쌀뜨물 1컵을 마저 붓고 중불에 약 20분 졸인다.
6. 5에 차돌박이를 넣고 고루 섞어 고기가 익자마자 불을 끈다.

**TIP** | 국물이 찌개보다 적어 걸쭉해져야 짜글이가 된다.

뚝배기류의 뚜껑 있는 그릇에 담고 흰밥, 1인용 접시와 함께 낸다.

# 쫄면 순두부

학창 시절 추억의 최애 쫄면과
국민 메뉴 순두부가 합체해서 탄생한
그 무섭다는 '아는 맛' 환상의 찌개

대학생 때, 점심때면 빈자리가 없을까 봐 친구들과 함께 뛰어가던 식당이 있습니다. 〈까치네〉라는 분식집인데요. 대부분 라면이나 떡볶이 같은 분식 메뉴 사이에 든든한 집밥 같은 메뉴가 하나 있었으니, '쫄순이'라는 쫄면이 든 순두부였습니다. 반찬이라야 단무지 하나였지만 쫄순이 하나면 밥 한 그릇 뚝딱이었죠. 지금도 대학 동창들을 만나면 우리 옛날에 쫄순이 참 많이도 먹었다며 그 시절 추억을 떠올리곤 하지요.

저는 혼밥도 정성껏 만들어 먹는 편이라 모처럼 아무도 없고 혼자 저녁 먹어야 할 때는 냉동실에 있는 쫄면 사리와 바지락살을 꺼내서 쫄순이를 만들어 먹곤 한답니다. 음식은 추억이라고 하잖아요. 추억과 함께하는 식사는 언제나 행복을 줍니다. 제 대학 시절 추억의 메뉴, 쫄순이 여러분과 공유할게요.

268 집밥이 초대 요리로 빛나는 순간

## INGREDIENT
(2인분)

순두부 1봉지, 쫄면 사리 50g, 대파 2개, 냉동 바지락살 1줌, 달걀 1개, 코인 육수 1개, 물(국물용) 2컵

**양념**   식용유 1T, 고춧가루 1T, 연두순 1T, 들기름 1/2T, 피시소스 1t, 소금 약간

## HOW TO MAKE

1. 대파를 잘게 다지고, 순두부는 봉지째 반으로 잘라 꺼낸 후 고운 체에 올려 간수를 빼서 3~4cm 두께로 뭉텅뭉텅 자른다.

2. 쫄면 사리는 끓는 물에 2~3분만 삶아 체에 밭쳐 준비한다.

3. 냄비를 중불에 예열한 후, 식용유를 두르고 파를 볶다가 파 향이 나면 고춧가루를 넣어 1~2분 볶는다.

4. 3에 물(국물용)을 붓고 끓으면 코인 육수와 바지락살, 순두부를 넣는다.

5. 끓으면 연두순, 소금으로 간하고, 달걀을 깨서 노른자가 터지지 않게 가운데에 올린 후 쫄면은 옆쪽에 넣고 뚜껑을 덮는다.

6. 약 2분 후 불을 끄고 5분 뜸을 들인 후 뚜껑을 열고 들기름을 고루 떨어뜨린다.

   **TIP** | 순두부찌개에 들기름을 넣으면 풍미가 훨씬 좋아진다.

둥글고 움푹한 그릇 또는 1인용 뚝배기에 푸짐하게 담아 가운데는 조심스레 퍼서 올리고, 그 위에 쪽파와 홍고추 고명을 올리면 더 먹음직스럽다.

**TIP** | 뚝배기는 직접 열을 가하는 직화도구로는 건강에 좋지 않다는 의견이 있어서, 가급적 완성된 요리를 담는 플레이팅용으로 사용하는 것을 추천한다.

# 토마토 카레

완숙 토마토와 채소들이
뭉근히 익으면서 우러나는
채수의 깊은 맛이 일품인 요리

이제 카레는 어느 나라 음식이라고 규정하기 힘들 정도로 전 세계에 기호 양념으로 자리 잡았죠. 처음 먹기 시작한 나라는 인도이지만, 전파된 나라에서 가장 익숙한 재료를 활용한 카레가 발달되어 여행하는 나라마다 "여기 카레 맛은 어떤가?" 하고 맛보는 재미도 쏠쏠합니다. 개인적으로는 가지와 해산물을 듬뿍 넣은 태국식 그린 커리를 좋아하고 남편과 딸들은 고기와 감자가 들어간 한국식 카레를 좋아하다 보니 더 자주 만들게 되는 것 같아요.

우리나라에 카레는 일본을 통해 전파되어 양파, 당근, 감자 등 채소를 더 많이 넣고 국물을 더욱 자작하게 해서 살짝 매운맛을 더하고 단맛을 덜어 한국인의 입맛에 맞는 한국 고유 카레로 자리 잡았죠. 제가 요즘 즐겨하는 카레는 완숙 토마토를 듬뿍 넣은 진하고 달큰한 토마토 카레입니다. 토마토가 무르게 익어 카레와 섞여 붉은색을 띠는 토마토 카레! 그 깊고 진한 국물에 매료되면 밥을 한도 끝도 없이 먹게 되는 밥도둑 중 하나입니다. 제가 평소에 국물 요리 대신 애용하는 요리이기도 해요. 국찌개 대신 토마토 카레를 준비하면 김치, 피클 등의 밑반찬만 놓아도 훌륭한 한 끼 식사가 완성될 거예요.

## INGREDIENT
(4인분)

완숙 토마토 4개, 감자 2개, 당근 1개, 양파 1개, 소고기 등심 200g, 코인 육수 1개, 카레물(카레 4인분+물 1/2컵), 물(소스용) 1컵, 소금 약간, 생크림 1/2컵

**TIP** | 고형 카레를 사용할 경우 물을 1.5컵으로 한다.
담백하게 끓이려면 생크림 대신 물 1/2컵을 더 넣는다.

## HOW TO MAKE

1. 토마토는 반달썰기, 감자·당근·양파는 사방 3cm 정도 큼직하게, 소고기는 사방 2cm로 썬다.

2. 바닥이 두꺼운 팬에 1의 토마토·코인 육수·물(소스용)을 넣어 뚜껑을 덮고 중강불로 약 10분 끓인다.

3. 2에 카레물과 생크림, 1의 감자·당근·양파를 넣고 밑바닥을 저어가며 중약불에 약 15분 끓인다.

4. 3에 1의 고기를 넣고 약불에 약 10분 더 끓인 후, 불을 끄기 직전 소금으로 간한다.

    **TIP** | 고기는 국거리용을 쓰면 채소와 함께 처음부터 넣고, 구이용을 쓰면 불 끄기 10분 전에 넣어야 맛있다.

넓고 둥근 접시 또는 뚜껑이 있는 유리 그릇에 담아 밥과 함께 내면 고급스러운 느낌이 나서 보기 좋다.

두 나물 샐러드

명란마요 우엉무침

콜라비김치

초간단 버섯잡채

떡튀김볶이

멸치마늘종 만능장무침

말린 두부 브로콜리니볶음

매콤 배추 두부조림

오징어무조림

닭봉 식초조림

# PART 7

## 하나만 있어도 식탁이 완성되는 만능 반찬

땀 흘려 만들었으나 작은 그릇에 담겨 소외되는 반찬 말고,
그 하나만으로도 주목받으며 식탁의 메인 요리가 될 수 있는
만능 반찬을 만들어 보세요.

**61**

# 두 나물 샐러드

영양 듬뿍 머금은 제철 나물을
감칠맛 돋는 특제 소스로 무쳤을 뿐인데
샐러드처럼 변신하는 스페셜 메뉴

저는 나물 반찬을 정말 좋아합니다. 그런데 기껏 다듬고 데치고 물기 꼭 짜서 무쳐낸 나물은 작은 반찬 그릇에 담겨 주변으로 밀려나는 것이 참 안타까웠어요. 메인에 고기 요리를 놓으면 맛깔스레 썰어 낸 김치는 아무리 맛있어도 사람들이 거의 손을 대지 않아 냉장고로 직행해 버리는 서러운 반찬 신세일 때가 많아요.

우리나라는 계절마다 정말 다양한 나물이 나옵니다. 나물은 각각 맛도 향도 다른 매력을 품고 있어 제철 나물 반찬에서는 그 계절의 땅 내음이 느껴집니다.

특히 요즘은 일 년 내내 신선하고 향미가 풍부한 시금치와 참나물을 만날 수 있어 우리집 냉장고 필수템이죠. 평소에는 시금치와 참나물, 여기에 봄에는 새발나물이나 방풍나물, 여름에는 미나리, 가을에는 취나물 등 계절을 머금은 나물들을 조합해 따뜻한 샐러드를 만들어 보세요. 그리고 나물의 향과 식감을 최대한 살려서 커다란 접시에 수북이 쌓아 고기나 생선 요리와 함께 상에 올리면 영양과 맛을 동시에 잡은, 꽤 훌륭한 일품요리가 될 거예요.

## INGREDIENT
(4인분)

시금치(포항초) 200g, 참나물 200g, 물(데치는 용도) 3컵

**소스**  다진 쪽파 2T, 다진 홍고추 2T, 피시소스 1.5T, 알룰로오스 1T, 연두순 1T, 연두 청양초 1/2t, 참기름·들기름 1/2T씩, 식초 1T, 깻가루 1T

## HOW TO MAKE

1  시금치, 참나물은 깨끗이 다듬고 씻어 4cm 길이로 자른다.

2  냄비에 물(데치는 용도), 1의 시금치, 참나물을 넣어 뚜껑을 덮고 중강불에 물이 끓기 직전 불을 끈다.
   **TIP** | 물에 나물이 잠기지 않을 정도로 넣어 아삭하게 삶아야 마지막 단계에서 소스에 무칠 때 식감도 영양도 더 좋다.

3  2를 건져 살짝 짠 후 체에 밭쳐서 물기를 뺀다.
   **TIP** | 채소용 탈수기를 사용하면 물기를 더 쉽고 빨리 뺄 수 있다.

4  소스 재료에서 참기름·들기름·식초를 뺀 나머지만 섞어서 전자레인지에 1분 돌린 다음, 참기름과 들기름, 식초를 섞는다.

5  3과 4를 설렁설렁 나무젓가락으로 무치거나, 접시에 3을 높이 쌓은 다음 4의 소스를 뿌려도 좋다.
   **TIP** | 나물은 살짝 데치고 소스는 먹을 때 뿌리면 식감도 아삭하고 염도도 낮아져서 더 많이 먹을 수 있다.

둥글고 움푹한 흰 접시 가운데에 데친 나물을 높이 쌓고 소스를 골고루 뿌리면 맛깔스럽다.

| 62 |

# 명란마요
# 우엉무침

아삭한 우엉과
부드러운 명란마요소스가 버무려진
환상적인 조합의 밥도둑 반찬

저는 채소를 정말 좋아하지만, 뿌리채소류는 소화가 잘 안 되는 편이라 자주 먹지는 않습니다. 그래도 뿌리채소 중 우엉은 아삭한 식감과 씹을 때 즙이 터지는 맛이 좋아 조심하면서 즐겨 먹는 편입니다. 김밥도 우엉채 가득한 것을 찾아 먹거나 만들어 먹고, 잡채나 솥밥에도 우엉채를 넣곤 해요. 사실 한식에서 우엉은 손질이 까다로워서 그런지 다양하게 활용하지는 않는 식재료인 것 같아요. 하지만 요즘은 손질 우엉이나 채 썬 우엉을 진공 상태로 신선하게 받아볼 수 있어서, 다양한 반찬에 활용하거나 누군가 새로운 메뉴 아이디어를 내면 바로 시도해 보곤 한답니다.

우엉에는 '이눌린'이라는 성분이 풍부해서 신장 기능이 좋아지고 섬유질이 많아 배변 활동에도 도움이 되는 건강한 다이어트 식품이지요. 이런 우엉을 맛있는 반찬으로 자주 먹을 수 있다면 금상첨화겠죠? 그래서 준비했습니다. 친정어머니께서 친구에게 배워 만들어 주신 우리 집 저녁 반찬 단골 메뉴, 아삭 짭짤한 명란마요 우엉무침을 소개합니다.

## INGREDIENT
(2~3인분)

우엉 250g(손질 우엉), 식초 1T, 물(삶기용) 3컵

**소스** 백명란 150g, 쪽파 2대, 홍고추 1개, 다진마늘 1t, 마요네즈 3T, 연두순 1/2T, 참기름 1/2T, 깻가루 취향껏

**TIP** | 백명란은 껍질이 없는 것이 식감에 더 좋다.

## HOW TO MAKE

1. 우엉은 세로로 길게 한 번 자르고 0.5mm 두께로 최대한 길쭉하게 어슷썬다.
2. 소스 재료 중 쪽파, 홍고추는 잘게 다진다.
3. 냄비에 물(삶기용)을 끓여 식초를 넣고, 중불에서 1의 우엉을 넣어 뚜껑을 덮는다.
4. 우엉은 약 3분 삶은 후 건져 물기를 턴다.
5. 2의 쪽파와 홍고추, 다진 마늘을 섞어 전자레인지에 30초 돌린다.
6. 백명란은 가위로 잘게 자르고 5와 나머지 소스 재료를 잘 섞는다.
7. 4의 우엉과 6의 소스를 잘 무친 후 깻가루를 뿌린다.

색깔 진한 큰 접시에 일품요리처럼 쌓아서 메인으로 내놓아도 손색이 없다.

## 63 콜라비김치

무보다 부드럽고 달콤한 식감이 일품인
유럽의 채소 콜라비로 담근
김치의 색다른 변주

해마다 11월 말이면 우리 집에는 친정어머니, 올케, 시누이가 모여 종일 김장을 담급니다. 요즘은 판매하는 김치도 맛있고 위생적이라 사 먹으면 편하지만, 집에서 담근 김치의 맛은 따라오긴 힘들 것 같아요. 배추만 해도 80포기 이상을 담그니까 다음 해 가을까지 일 년 내내 네 집의 보물이 따로 없어요. 재료를 함께 준비하고 함께 버무리지만 네 가족의 취향에 맞춰 닮은 듯 다른 김치가 완성되면, 각자 준비해 온 통에 양껏 담아 차에 실어요. 이렇게 하루가 다 저물면 그날의 임무는 완성이지요. 배추김치, 석박지, 파김치, 갓김치 등은 일 년 내내 수시로 상에 오르는 단골입니다만, 가끔 김치보다는 가볍고 피클보다는 좀 깊은 맛을 내는 상큼한 김치가 먹고 싶을 때 즉석에서 만들어 먹는 김치 3인방이 있어요. 토마토김치, 쏨땀, 콜라비김치입니다. 이 중에서 토마토김치와 쏨땀은 제 전작 <세계 요리가 집밥으로 빛나는 순간> 태국편에 소개했고요. 이번에는 일 년 어느 때라도 재료를 손쉽게 구할 수 있고 각종 고기, 튀김 요리와 잘 어울리면서 맛도 보장되는 콜라비김치를 소개합니다.

1

2-1

2-2

집밥이 초대 요리로 빛나는 순간

## INGREDIENT
(2인분)

콜라비(150g) 1개, 방울토마토 10개, 구운 땅콩 10개, 고수 취향껏

**소스** 피시소스 1T, 연두순 1T, 알룰로오스 1T, 라임즙 1T, 식초 1t, 고운 고춧가루 1T

## HOW TO MAKE

1. 콜라비는 채 썰고, 방울토마토는 반으로 자르고, 땅콩은 빻고, 고수는 1cm 간격으로 자른다.

2. 볼에 1과 준비한 소스 재료를 모두 넣어 버무린 후 그릇에 담고 땅콩가루를 뿌려서 낸다.

   **TIP** | 양념한 콜라비김치는 30분 정도 양념이 밴 후 먹는 게 맛있다. 밀폐용기에 넣어 냉장고에 보관하면 3~4일은 맛있게 먹는데, 방울토마토, 땅콩가루, 고수는 먹을 때마다 섞는 것이 좋다.

움푹한 원형 또는 사각형 볼에 쌓듯이 담아 내면 먹음직스럽다.

# 64

## 초간단 버섯잡채

쉽고 빠르게 휘리릭 만들어도
고급스러운 맛으로 누구나 사로잡는
명실상부 파티 요리

우리 음식 중에 만나면 언제나 반갑지만 정말 손이 많이 가서 일 년에 몇 번밖에 못 해 먹는 잔치 음식, 잡채! 그래서인지 잡채는 생일이나 명절이 떠올라 더 특별하게 느끼는 것 같아요. 그런데 집에 열전도율 좋은 냄비 하나만 있으면 냉장고에 있는 각종 채소와 자투리 고기, 불린 당면까지 다 같이 넣고 라면 끓이는 시간에 가능한 초간단 잡채 조리법을 공유합니다.

30분 이내에 완성되는, 담백하고 열량도 반으로 준 초간단 잡채. 한번 만들어 보면 사흘이 멀다고 우리 집 밥반찬으로 올리게 될 거에요. 개인적으로 잡채에 들어간 버섯과 호박을 좋아해서 버섯을 종류별로 다 넣고 갈색빛이 도는 잡채를 자주 만듭니다. 알록달록한 잡채와는 다른 매력으로 고급스러워 보이는 초간단 버섯잡채, 한번 도전해 보세요.

## INGREDIENT
(4인분)

소고기 100g, 표고버섯·느타리버섯·새송이버섯 등 각종 버섯 3~4종류 50g씩, 양파 1개, 애호박 1/2개, 당면 4인분, 오일 스프레이, 깻가루·참기름 1T씩

**소스** 간장 4T, 굴소스 1T, 올리고당 1T, 미림 1T, 물 1/2컵

## HOW TO MAKE

1. 당면은 찬물에 담가 1시간 이상 흐물해질 때까지 불린다.
2. 버섯과 양파·애호박·고기는 채 썬다.
3. 준비한 소스 재료는 모두 섞어서, 소고기만 소스 1T를 넣어 조물조물 무친다.
4. 냄비 바닥에 오일 스프레이를 뿌리고 양파 – 애호박 – 버섯 – 고기 – 불린 당면 순으로 쌓아 담고 3의 나머지 소스 중 1/2을 당면에 뿌린 후 뚜껑을 닫는다.
   **TIP** | 냄비는 바닥이 두꺼운 스테인리스나 주물 냄비여야 밑이 타지 않는다.
5. 중불로 익히다 고기 겉이 익으면 뚜껑을 열고 나머지 소스를 뿌려 고기가 완전히 익을 때까지 뒤적이고 불을 끈다.
   **TIP** | 고기 겉이 익으면 아래의 채소와 당면은 거의 다 익는다.
6. 참기름을 한 바퀴 두르고 섞은 후 접시에 담고 깻가루를 뿌린다.

Plating tip — 가운데가 움푹한 원형 혹은 타원형 접시에 푸짐하게 쌓듯이 담고, 깻가루를 솔솔 뿌리면 맛깔스럽다.

**65**

# 떡튀김볶이

한국인 소울푸드 메뉴 떡볶이에
소고기를 더해 궁중 스타일로 업그레이드한
든든한 원 디시 메뉴

떡볶이를 '한국인의 소울푸드(soul food)'라고 하는 이유는, 한국인이면 누구나 떡볶이에 관한 추억 한두 가지쯤은 가지고 있기 때문일 겁니다. 저에게는 학창 시절 학원 가는 길에 친구들과 줄 서서 사 먹었던 은마상가 튀긴 떡꼬치, 초등학교 때 추운 겨울 포장마차에서 언 발을 녹여가며 먹었던 이촌동 국물 떡볶이, 엄마가 시험 기간에 소고기를 듬뿍 넣고 맵지 않게 만들어 주신 고기 떡볶이에 대한 추억이 마음속에 온기로 남아 입맛이 없을 때 떠올리곤 하지요. 그래서 제 어린 시절을 떠올리며, 딸들에게도 종종 추억의 맛을 버무려 이런저런 떡볶이를 만들어 주곤 합니다. 물론 지금은 딸들이 밖에서 친구들과 사 먹는 조미료 가득한 떡볶이를 더 좋아하겠지만 언젠가는 제가 해준 엄마표 떡볶이가 정말 그리울 날이 올 거라고 믿어요. 지금의 저처럼 말이죠. 이번엔 제 추억들이 버무려진 소울푸드, 떡튀김볶이를 소개할게요.

## INGREDIENT
(4인분)

떡볶이 떡 500g, 소고기(불고기용) 300g, 쪽파 10대, 양배추 100g, 식용유 3T, 참기름 1/2T, 후춧가루·마늘가루 1t씩, 깻가루 취향껏

**소스** 고춧가루 2T, 올리고당·굴소스·간장 1T씩, 맛술 2T

## HOW TO MAKE

1. 쪽파는 송송 썬다.
2. 소고기는 다지듯 썰어 후춧가루와 마늘가루로 버무린다.
3. 팬에 식용유를 두르고 중강불로 떡볶이 떡을 표면만 살짝 튀긴 후 꺼내 둔다.
4. 3의 팬에 기름을 약간만 남겨서 1의 쪽파 2/3를 넣어 볶다가 파 향이 나면 소고기를 넣어 볶는다.
   **TIP** | 양파, 양배추, 애호박 등 냉장고의 남은 채소를 넣어 소고기와 함께 볶아도 좋다.
5. 소고기 겉이 익으면 준비한 소스 재료를 모두 넣고 섞으면서 볶는다.
6. 5가 걸쭉해지면 3의 튀긴 떡을 넣어 버무려서 불을 끈 후 참기름, 남은 쪽파, 깻가루를 뿌린다.

큰 타원형 접시에 높이 쌓아서 1인용 접시와 함께 내면 먹음직스럽다. 식어도 식감이 좋아서 파티 음식으로도 손색이 없다.

그릇 협찬 : 채율 꽃과 나비 소반

# 66

## 멸치마늘종 만능장무침

흔한 멸치볶음에 마늘쫑과 특제소스를 더해 새롭게 탄생한 '밥 한 그릇 뚝딱' 별미 반찬

예로부터 한식은 집마다 '비법 소스'가 있다고 할 정도로 된장, 고추장, 간장 등의 맛이 조금씩 달랐습니다. 같은 재료로 요리해도 다 다른 맛이 나지요. 그래서 어릴 때부터 친구네 집에 놀러 가서 밥을 먹으면 흔한 된장찌개, 김치찌개, 불고기인데도 그 맛이 우리 집과 달라서 참 신기했지요. 제 친정어머니는 양념을 즉석에서 만들어 조림이나 무침을 하는 쪽인데, 가끔 다른 집에서 얻어 온 비법 장이나 맛간장을 써서 요리하면 제가 한 음식인데도 남의 집밥을 먹는 기분이 들어서 반가웠던 적이 있어요. 친정어머니의 친구 중에 큰 한정식집을 하셨던 요리의 대가에게 배운 무침 만능장을 소개할게요. 만들기도 참 쉬운 비법이니, 한 번에 좀 넉넉히 만들어서 냉장고에 보관해 놓고 각종 나물이나 상추, 진미채 등을 무쳐 먹으면 밥도둑 반찬이 금세 완성됩니다. 오늘은 이 무침 만능장으로 잔멸치와 마늘종을 버무려 보겠습니다. 저는 일품요리 위주로 저녁을 차리는 편이라 밑반찬은 잘 내놓지 않는데, 그래도 가끔 짭짤한 밑반찬 같은 무침이 생각날 때가 있어요. 갑자기 생각나도 쉽게 뚝딱 만들어 먹는 멸치마늘종 만능장무침입니다.

## INGREDIENT
(8인분)

잔멸치 150g, 마늘종 200g, 식용유 2T, 소금 1T

**무침 만능장**  고추장 1/2컵, 된장 1/4컵, 고춧가루 2T, 알룰로오스 4T, 땅콩버터 1/4컵, 맛술 1/2컵

**TIP** | 한 번 만들어 두면 냉장고에 3~4주 보관 가능하다.
오이나 브로콜리 등 채소들을 데쳐서 무치는 소스로도 잘 어울린다.

## HOW TO MAKE

1  준비한 무침 만능장의 재료를 모두 섞는다.
**TIP** | 도깨비방망이나 믹서기를 사용하면 재료가 더 잘 섞인다.

2  팬을 예열해 잔멸치를 넣고 중강불에 볶으며 물기를 날린 후, 식용유를 두르고 중불에 바삭하게 더 볶는다.

3  마늘종을 2cm 길이로 자른다.

4  냄비에 물과 소금을 넣고 끓여 마늘종을 2~3분 동안 담가 데쳤다가 체에 밭쳐 물기를 뺀다.
**TIP** | 데치는 대신 전자레인지에 2분 돌려도 된다.

5  볼에 볶은 잔멸치와 데친 마늘종, 무침 만능장 3T를 넣고 살살 무친다.

납작하고 둥근 접시에 수북이 담고, 갓 지은 밥과 조미 김을 함께 상에 내면 따뜻하고 정갈한 상차림이 된다.

그릇 협찬 : 채율 목각 모반

# 67

## 말린 두부 브로콜리니 볶음

고기처럼 쫄깃한 식감의 말린 두부와
아삭하고 부드러운 채소의 조화가
계속 젓가락질하게 만드는 건강 반찬

밥보다 마라탕을 더 좋아하는 둘째 딸 덕에 우리 집에는 마라탕에 들어가는 웬만한 재료들이 늘 준비돼 있습니다. 그중에, 저도 좋아해서 즐겨 먹는 재료가 포두부, 푸주, 유바 등 두부 가공품 종류입니다. 처음에는 중국산 마른 푸주(두부껍질)를 사용했는데, 보관 방법을 보니 방부제가 많이 들었더라고요. 그래서 다음에 포두부라 불리는 얇게 압착한 두부를 써봤어요. 이것도 신선하고 믿을 만하긴 한데 쫄깃한 식감이 덜해서 아쉬웠고요. 그리고 찾아낸 것이 첨가물이 전혀 안 들어간 국산 콩으로 만든 유바(두유껍질)입니다. 유바는 두유(콩물)를 끓이다 위에 생긴 막을 걷어내 말린 일본 식재료예요. 국산은 가격이 좀 비싸지만 냉동 보관해 늘 넉넉히 준비해 둘 수 있고 신선하고 쫄깃한 식감이 가족 입맛에 딱 맞더라고요.

저는 고기를 좋아하는데 소화가 잘 안 되어 아쉬웠던 차에, 고기 대신 여기저기 넣어서 활용하니 씹는 맛과 포만감이 아주 좋습니다. 그리고 어떤 재료나 소스와도 어울려 실패율이 제로랍니다. 오늘은 브로콜리니의 아삭한 식감과 쫄깃한 유바의 조화가 매력적인 말린 두부 브로콜리니볶음을 소개합니다.

## INGREDIENT
(2인분)

생유바 150g, 브로콜리니(베이비 브로콜리) 6개, 방울토마토 10개, 소금 1t, 오일 스프레이, 참기름 1/2T, 깻가루 취향껏

**TIP** | 유바는 말린 두부, 푸주로 대체 가능하지만 생유바가 더 맛있다. 쿠팡 등 인터넷으로 주문할 수 있다.

**소스**  식용유 1T, 다진 마늘 1/2T, 소금 1t, 전분물 4T(물 3T+전분 1T) , 연두순 1T, 액젓 1/2T, 알룰로오스 1/2T, 고춧가루 1/2T

**TIP** | 연두순 대신 맛간장, 진간장을 같은 양으로 대체해도 좋다.

## HOW TO MAKE

1. 브로콜리니는 3~4등분, 방울토마토는 반으로 자른다.

2. 냄비에 물과 소금을 넣고 끓여 중불에 유바와 브로콜리니를 각각 30초씩 데쳐 준비한다.
   **TIP** | 푸주나 말린 두부는 찬물에 1시간 이상 불린 후 2~3분 데쳐서 사용한다.

3. 팬을 중강불로 예열 후 오일 스프레이를 뿌리고 브로콜리니와 유바를 살짝 볶는다.

4. 3에 1의 방울토마토, 전분물을 제외한 소스 재료를 넣고 2~3분 볶는다.

5. 불을 약불로 낮춘 후 전분물을 넣어 농도를 적당히 맞춰서 약 2분 볶고 참기름을 두른다.

움푹한 접시에 가운데 예쁘게 퍼놓고 깻가루를 뿌린다.

# 68

# 매콤 배추
# 두부조림

밥도 다른 반찬도 필요 없이
이 메뉴 하나만으로도 든든한
한 끼 책임질 요리

독신인 한 친구는 장 볼 때 가장 안 사는 식재료가 과일과 두부라고 합니다. 한 번 먹고 나면 냉장고에서 묵히다 그냥 버리는 경우가 많아서라고 하는데요. 그래서 어쩌다 장례식장에 갈 일이 있을 때 과일을 열심히 챙겨 먹는다는 우스갯소리도 하더라고요. 하지만 두부는 흔히 알고 있는 진부한 레시피의 틀을 깨면 버리는 것 없이 잘 활용해서 근사한 일품요리를 만들 수 있답니다. 간수 뺀 두부 1모를 통째로 노릇하게 구워 큰 그릇 한가운데 올리고 두부 위에 고기볶음, 채소볶음, 김치볶음 등 다양한 재료를 올려보세요. 그 무엇과도 식감이 잘 어울릴 뿐 아니라 밥도 필요 없는 아주 고급스러운 다이어트식 고단백 식사가 가능해집니다. 요즘은 두부 브랜드와 종류도 정말 다양해서 크기와 단단한 정도, 원산지 등을 취향껏 고를 수 있어 편해졌죠. 크고 두툼한 재래식 두부로 요리한다면 훨씬 푸짐하고 멋진 비주얼을 자랑할 겁니다.

이번 요리는 아삭한 알배추에 매콤달콤한 조림장을 곁들어 두부와 함께 먹는 우리 집 저녁 단골 메뉴, 매콤 배추 두부조림입니다.

## INGREDIENT
(2인분)

두부 1모, 돼지고기(다짐육) 50g, 알배추 4장, 팽이버섯 1봉(150g), 쪽파 3대, 홍고추 1개, 식용유 2T, 들기름 1/2T, 참기름 1/2T, 미림 1T, 소금·후춧가루 약간씩, 깻가루 취향껏

**조림장** 진간장 1T, 고추장 1T, 피시소스 1T, 물 2T, 알룰로오스 1/2T, 다진 마늘 1t, 생강가루 1t, 고춧가루 1T

## HOW TO MAKE

1. 두부는 가로로 반 자르고 물기를 완전히 뺀 후 소금과 후춧가루를 뿌려 5분 이상 둔다.
   **TIP** | 두부는 고운 체 위에 놓고, 포장 팩에 물을 채워 두부 위에 올려놓으면 간수가 잘 빠진다.

2. 쪽파는 송송 썰고 홍고추는 다지고 알배추는 얇게 채 썬다.

3. 돼지고기는 미림을 묻혀 재운다.

4. 팬을 중강불로 예열해, 식용유와 들기름을 섞어 두르고 중불로 달궈 뜨거워지면 1의 두부를 앞뒤로 노릇하게 구워 접시에 덜어 준비한다.

5. 4의 팬에 준비한 조림장 재료를 모두 넣고 끓으면 2의 알배추를 넣어 재빨리 볶아낸 후, 3의 돼지고기를 넣고 약 2분 볶는다.

6. 불을 끄기 직전 2의 쪽파, 홍고추를 넣고 불을 끈 다음에 참기름을 두르고 깻가루를 뿌린다.

납작하고 둥근 큰 접시 가운데에 두부를 길게 놓고, 그 위에 조림장에 볶은 채소를 올리면 근사한 메인 요리가 된다. 위에 깻가루를 흩뿌려 상에 낸다.

그릇 협찬 : 채율 핀 모란꽃 은칠보 물잔

# 69

## 오징어무조림

무와 오징어를 함께 씹을 때마다
팡팡 터지는 감칠맛과 육즙이
고급 요리 부럽지 않은 별미 반찬

제가 어릴 때, 어머니께서 동네 시장에서 오징어 한 마리를 사 오시면 '오늘은 어떤 오징어 요리가 상에 오를까?' 하고 기대하며 저녁을 기다렸던 추억이 있습니다. 어머니 말씀으로는 그 당시에는 생선보다 오징어가 흔하고 싸서 자주 샀다고 하시는데요. 요즘은 한국 인근 바다 수온이 높아져서 오징어가 생선보다 귀해졌고, 예전에는 비싸서 구경하기 힘들었던 갑오징어는 상대적으로 가격이 싸서 요리에 활용할 일이 많아졌습니다.

하지만 뭐니뭐니해도 어린 시절 우리 집 단골 반찬이었던 오징어무조림은 우리 국산 오징어를 써야 제맛인 것 같아요. 오징어는 8, 9월이 제철이라 이때가 가장 맛있습니다. 무를 전자레인지에 넣어 익힌 다음 조리면 더 간편하고 빠르게 완성되지요. 만들기 쉽고 맛도 놓치지 않는 오징어무조림 하나면 그날 반찬은 해결입니다.

## INGREDIENT
(4인분)

솔방울 오징어 300g, 무(中) 400g, 대파(초록 부분) 2대, 소금 1t
**TIP** | 솔방울 오징어 대신 통으로 손질된 오징어로 대체해도 좋다.

**조림장** 간장 1/4컵, 미림 1/2컵, 알룰로오스 1t, 연두 청양초 1/2t, 생강가루 1/2t

## HOW TO MAKE

1. 대파는 3cm 길이로 채 썰고, 솔방울오징어는 한입 크기로 자른다.
   **TIP** | 손질된 통오징어를 쓸 때는 링 모양을 살려서 1cm 두께로 자른다.

2. 무는 껍질을 벗겨 3cm 두께로 자른 후 6등분해서 전자레인지에 약 5분 돌린다.

3. 냄비에 무와 준비한 조림장 재료를 넣고 중불에 약 3분 끓이다가, 무를 뒤집고 뚜껑을 덮어 약 2분 더 익힌다.

4. 3에 1의 오징어를 넣고 잘 섞은 다음 뚜껑 덮고 3~4분 익힌 후 소금으로 간을 맞춘다.
   **TIP** | 통오징어로 할 때는 5~6분 익힌다.

5. 불 끄기 약 1분 전에 1의 대파를 한쪽에 넣어 익힌다.

오목한 둥근 접시나 사각 접시 아래쪽에 무를, 위쪽에 오징어를 쌓고 그 위에 대파를 고명으로 올려준다.

## 70

# 닭봉 식초조림

새콤과 달콤의 두 가지 맛이
컬래버레이션되어
잃어버린 입맛 찾아오는 초간단 닭 요리

제가 초등학생 때 6년을 살았던 사당동엔 큰 시장이 있었습니다. 어머니가 닭 요리를 하는 날이면 동생과 어머니 손을 잡고 그 시장 안에 있는 닭집에 가곤 했었죠. 그 시절 닭집엔 아파트 같은 닭장에 닭이 산채로 가득 있었고, 손님이 닭을 지목하면 주인이 닭을 꺼내 목을 따고 큰 솥에 넣어 털을 뽑아 손질해 주었습니다. 지금 생각하면 참 끔찍한 장면인데, 동생과 저는 그 광경이 하도 신기해서 어머니가 다른 데서 장을 보시는 동안 그 닭집 앞에서 한참을 구경하곤 했어요. 그렇게 바로 잡은 신선한 닭으로 어머니는 복날엔 삼계탕을, 겨울엔 닭칼국수와 닭곰탕을, 주말엔 아버지 소주 안주로 닭볶음탕을 만들어 주셨죠. 그중에 저와 동생이 가장 좋아하던 반찬이 닭고기 식초조림인데요. 소스에 식초를 넣어 새콤한 맛을 더한 닭고기 식초조림은 입맛을 돋우는 어린 시절 최애 반찬이었죠. 저 역시 어머니처럼 아이들이 좋아하는 닭봉이나 닭날개를 가지고 식초조림을 만듭니다. 30분 이내에 간편하게 만들 수 있어 좋고 푸짐하게 만들어 손님상에 내도 손색이 없는 훌륭한 닭 요리입니다.

## INGREDIENT
(4인분)

닭봉 20개, 깻가루 취향껏

**소스** 진간장 1컵, 식초 5T, 미림 1/2컵, 알룰로오스 4T, 다진 마늘 1T, 생강가루 1t

## HOW TO MAKE

1  냄비에 물을 붓고 끓여 닭봉을 넣고, 겉이 익으면 물은 버리고 닭봉을 체에 밭쳐 흐르는 물에 씻는다.

2  냄비에 닭봉과 소스 재료를 모두 넣고 섞는다.

3  냄비보다 작은 뚜껑으로 재료를 덮고 중강불에 약 5분, 중약불에 약 10분 끓인 후 뒤집고 약 5분 더 조린 다음 그릇에 담고 깻가루를 뿌린다.

**TIP** | 냄비보다 작은 뚜껑으로 눌러주며 조리면 닭봉에 양념이 맛있게 밴다.

넓적한 접시 가운데에 닭봉을 넓게 쌓고 소스를 위에 부은 후 깻가루를 뿌리면 더 맛있어 보인다.

## My Tablemate's Letters

◇

유난히도 무더운 여름이 언제쯤 지나가려나 하던 어느 늦저녁, 무척이나 반가운 연락을 받았다.
"저 윤지영 아나운서예요." 라는 문자를 받고, 얼른 전화를 걸었다.
"선생님, 저 책을 냈어요."라는 말에 벌써 십여 년도 훨씬 전, 그녀와 함께한 시간이 떠올랐다. 멋진 아나운서 몇 분이 아이들의 손을 잡고 요리를 공부하자며 나의 스튜디오에 찾아온 것이다. 아이들은 뛰어놀고 우리는 요리하며, 서로의 마음을 나누었던 추억들이 영화처럼 머릿속을 스쳐 지나갔다.
그는 엄마다. 아마 그가 짓는 아침은 든든한 한 끼 요리이자 엄마가 자녀에게 해줄 수 있는 최고의 응원이었을 것이다. 그리고 내 친정어머니가 그러셨듯, 분주한 하루를 시작할 때 가족에게 줄 수 있는 최고의 서포트일 것이다. 아마 그녀는 이 책을 통해 가족들이 엄지척 해줄 때의 그 행복을 다른 많은 엄마들과 함께 나누고 싶은 게 아닐까.

- 요리연구가 빅마마 **이혜정**

한국살이 30년인 내가 어떻게 이 긴 시간 한국에서 살 수 있었을까 생각하니, 아마 한국 음식을 좋아해서인가 보다. 지영 씨 집에서 몇 번 먹어봤던 한식은 참 맛있었다. 전통적인 맛보다 누구나 편하게 먹을 수 있는 한식 '집밥'이었다고나 할까. 전 세계에서 한국에 큰 관심을 보이고, 외국에서 친구들을 만나면 꼭 한국에 가고 싶다든가 한국 음식이 맛있다는 말을 자주 한다. 이런 때에 마침 지영 씨의 한식 요리책이 출간된다니 더 기쁘고 기대된다. 많은 나라에 번역 출간되어 지영 씨의 따뜻한 한 끼가 세계로도 퍼져 나가길.

- 요리연구가, 연희동 요리 교실 <구르메 레브쿠헨> 운영 **나카가와 히데코**

첫 책이 많은 사랑을 받아서 곧 두 번째 책을 준비한다는 소식을 듣자, 그녀의 온기가 깃든 음식이 또 한 번 많은 사람의 마음과 뱃속을 따뜻하고 든든하게 채워주겠구나 싶어서 무척이나 반가웠다. 그녀의 식탁에 초대받을 때마다 익숙한 한국 식재료와 낯선 외국 소스와의 조합이 매번 새롭고 신선했다. 그 반대로 외국 식재료에 한국 소스가 어우러진 요리를 맛보면서 세계적으로 위상이 높아지는 K-푸드의 매력을 이미 수년 전 그녀의 주방에서 느끼고 있었던 셈이다. 그녀의 손끝에서 탄생하는 음식들과 이 책에 담긴 레시피는 예능처럼 생동감이 넘치며 영화처럼 감동적이다. 그 감동을 독자도 느낄 수 있게 되어, 그녀의 책 출간 소식이 더욱 반갑다.

- <유퀴즈 온 더 블록> <스트리트 푸드 파이터> <집밥 백선생> 연출 **고민구 PD**

참 신기하게도, 지영이의 요리 책은 음성지원이 되는 듯하다. 분명 영상이 아닌 책을 펼쳐놓고 요리하는데 옆에서 친구, 언니, 때로 엄마가 함께 두런두런 얘기하며 요리하는 느낌이 난다. 그래서 지영이 요리는 따라 만드는 과정부터가 참 행복하다. 세상의 중심에서 한식이 사랑받는 이 시대에 전 세계인의 요리 친구가 될 운명을 타고난 책이다.

- 아나운서 겸 방송인, 유튜브 <최은경의 관리 사무소> 운영 **최은경**

나는 목격자다. 윤지영 아나운서가 평범한 재료로 얼마나 빠르고 쉽게 음식을 만드는지, 그 맛이 얼마나 놀랄 만큼 근사한지를 눈으로 보고 혀로 맛보며 직접 느꼈다. 그의 감동적인 요리법을 죄책감 없이 독자 여러분의 것으로 만드시길!!
- 기자 겸 방송인, <오십 너머에도 천 개의 태양이 빛나고 있지> 작가 유인경

윤지영 아나운서의 요리는 제각각 품은 추억을 들려줍니다. 그 이야기를 듣다 보면 구하기 쉬운 식재료와 간단한 조리법임을 알아차리고, 어느새 자리에서 일어나 요리하는 자신을 발견합니다. 간단하지만 근사한 한 끼를 만들고 싶은 사람에게 이 책을 추천합니다. - 공간 크리에이터, ㈜새삶 대표이사 이지영

그녀가 차려주는 다채로운 음식들이 가득한 식탁에 앉을 때면, 마치 놀이공원에서 어떤 기구를 탈지 설레고 두근거렸던 어린 시절 순수한 동심의 세계로 떠나는 것 같습니다. 회전목마처럼 마음의 워밍업을 주는 식전 요리부터, 롤러코스터를 타는 것처럼 입 안에서 놀랍도록 어울러지는 식재료와 소스의 대향연, 마지막 하이라이트인 불꽃놀이와 퍼레이드를 보는 것처럼 식감이 팡팡 터지는 환상적인 후식까지…. 그녀가 들고 있는 국자가 마법의 지팡이로 보이는 매직을 저는 여러 번 경험했습니다. 쉽고 가볍게 뚝딱 차려내는 그녀의 레시피가 가득 담긴 이 책을, 마법을 부릴 수 있는 비법책이 아니면 무엇이라고 할 수 있을까요. 이제 그녀의 두 번째 요리책을 통해서 여러분들도 가족들에게 환상적인 요리의 맛을 전할 수 있으리라 저는 확신합니다.
- <슈퍼밴드> <히든싱어> <해피투게더> 연출 조승욱 PD

## 66 *Epilogue*

제가 만든 음식을 사람들과 나누는 일이 단순히 함께 밥을 먹는 것을 넘어 마음을 나누는 일임을 배우게 되었습니다.

요리는 음식 안에 사람의 정성과 마음을 함께 담기 때문에, 끼니를 해결하는 것 이상의 의미가 있는 고귀한 행위입니다. 그래서 모든 끼니가 무척 소중하다는 것도 강조합니다.

함께 먹을 짝꿍을 위해서도 좋고, 여러분 자신을 위한 요리로도 좋습니다. 음식을 만들면서 더 이상 고단하거나 지치지 않기를, 웃으면서 즐길 수 있기를 바라며 최대한 간편하고 쉬운 레시피를 담아내려 노력했습니다.

이 책에 담긴 레시피가 고단했던 여러분의 하루에 작은 쉼터가 되어주길 진심으로 바랍니다.

99